JN171667

MURAMOTO Kou
村元康
NAGAI Ryunosuke
永井竜之介

Mega Ventures' Innovations

メガ・ベンチャーズ・イノベーション

千倉書房

まえがき

「むずかしいことをやさしく、やさしいことをふかく、ふかいことをおもしろく、おもしろいことをまじめに、まじめなことをゆかいに、そしてゆかいなことはあくまでゆかいに」[1)]

これは劇作家の故・井上ひさし氏の言葉だが、本書はこの言葉に通じる姿勢で書かれている。ビジネス書を読み慣れている読者から、初めて手に取る読者まで、幅広い読者に発見と納得を提供することが本書の目指した意義である。イノベーション、マーケティング、そしてベンチャーについて、「そうだったのか！」と「なるほど！」を散りばめている。

早稲田大学商学部では「起業家養成講座Ⅰ・Ⅱ」という講座を長きにわたって開講しており、毎年400名以上の学生が受講している。ベンチャー企業（本書では、「スタートアップ」と同義で扱う）という存在は、学生からはもちろん、ビジネスマンからも、成功事例や取引先として、また勤務先や就職先として高い関心を集めている。

ただし、ビジネスはすべからく栄枯盛衰の世界だが、なかでもベンチャー業界は一段と移り変わりが目まぐるしいことで知られる。1年前、あるいは半年前の成功者や成功パターンが、現在にも当てはまるとは限らない。現時点における成功者が言っていることは、すべてが真実のように聞こえるかもしれないが、同じように試みて失敗した者は無数にいるのかもしれない。そして、成功を語る当事者も、少し先には失敗者へと変わっているかもしれない。

ある特徴に引きずられて物事の評価が歪められることを「ハロー効果」と呼ぶが、ベンチャー業界は短期間のハロー効果による誤解や思い込みが大きい世界である。だからこそ、一歩引いた客観的な立ち位置から、ベンチャー企業やそのビジネスについて整理と分析を行う必要があると考えた。

そのために、本書は2人の著者による研究者の目と実務家の目から、次の3つの特徴を植え付けて執筆を行っている。

1. イノベーションという概念を軸として、ベンチャー企業の整理と分析を行う。
2. イノベーションという目的の達成手段として、マーケティング戦略を取り上げる。
3. ベンチャー企業の延長線上にあるメガ・ベンチャーへ焦点を当てる。

イノベーション、マーケティング、そしてベンチャーは、それぞれに注目を集めてきたテーマだが、分断されて語られる傾向が強い。「研究者として」、「実務家として」といった書き手の出自からの制限や、「イノベーションの本」、「マーケティングの本」、「ベンチャーの本」といったジャンル分けの結果、3つをミックスさせた書籍はほとんど見つけられない。だからこそ、本書では実務に役立つ知見を、学術領域も実務領域もジャンルも横断して書くことに重きを置いた。

また、ベンチャー企業について幅広く整理と分析を行っていくにあたって、「GAFA」と呼ばれるアメリカのアルファベット（グーグル）、アップル、フェイスブック、アマゾンや、「BAT」と呼ばれる中国のバイドゥ（百度）、アリババ（阿里巴巴）、テンセント（騰訊）といった、世界のメガ・ベンチャーに焦点を当てたいと考えた。日本における起業の大半は、スモールビジネスとしての起業であり、短期間で急激な事業成長と規模拡大を狙う野心的なベンチャー企業はごくわずかである。本書でメガ・ベンチャーを起業の延長線上で語ることによって、メガ・ベンチャー志向を持った起業家（予備軍）の力にもなりたい。

詳しくは後述されているが、「0 to 1」だけでなく、「New Combinations」もイノベーションとなりうる。既存の知識や情報を新しく組み合わせることによって、新しい価値を生み出すことができる。その意味で、本書はイノベーション、マーケティング、ベンチャーに関するさまざまな知見を新たな組み合わせで結び付けて論じることで生まれる、これまでにはなかった「新しい何か」を、多くの人に届けられると信じている。願わくは、「新しい何か」がしっかりと読者の手に届き、「新しく価値あるモノ」として役立てられていってほしい。

また、可能な限り最新の事例を紹介することを意識した。日本国内はもちろん、アメリカ、中国をはじめとした海外の企業の存在とビジネス・インパクトを数多く伝える。ビジネスマンの多くは、自身が身を置く業界や関連産業には精通しているが、その他の業界については知識が限定的となりやすい。また、学生は知っている企業自体が、自身が自覚している以上に少ない。加えて、両者とも特に中国企業への偏見については根強いものがある。10年前、20年前の中国（企業、ビジネス）に対する考え方が、先入観として思考を支配してしまっている。これは非常にもったいなく、そして危険でもある。ぜひ、自らの視点や価値観を広げるツールとして本書を利用してほしい。

最後に、本書の執筆のきっかけとなった早稲田大学商学部の寄付講座「起業家養成講座Ⅰ」にご尽力頂いているピジョン株式会社、および「起業家養成講座Ⅱ」にご協力頂いている早稲田大学OB起業家一同には、この場を借りて心より感謝を申し上げる。

村元 康
永井竜之介

註

1 ──日本経済新聞「喜劇の底に「無私の祈り」井上ひさしさん評伝」を参照。（https://www.nikkei.com/article/DGXNASDG10035_R10C10A4000000/）

MEGA VENTURES' INNOVATIONS

メガ・ベンチャーズ・イノベーション

Contents

Ⅱ

What is “INNOVATION”?

III

How to realize “**INNOVATION**”?

IV

Think about "MEGA VENTURES' INNOVATIONS" !!

I

What is "MEGA VENTURE" ?

Chapter 1

ベンチャー企業の境界線

Borderline

1 ベンチャー企業の立ち位置

本書のメインテーマは「メガ・ベンチャーによるイノベーション」に焦点を当てることである。そのためには、まず「メガ・ベンチャー」というプレーヤーと、「イノベーション」という概念と実態について、それぞれ知ってもらう必要がある。それぞれにまつわる情報をインプットし、事実や主張に関する共通理解をつくった後に、初めてメガ・ベンチャーが生み出すイノベーションについて、ともに考えていくことができるようになる。

第Ⅰ部では、まずメガ・ベンチャーについて見ていこう。イノベーションの担い手として重要視されているベンチャー企業、および世界の市場を牽引するメガ・ベンチャーと呼ばれる企業群について、どのような存在なのか。どのようなプレーヤーが活躍しているのか。そして、どのような生態系のなかから誕生してきているのか。詳しく紹介していこう。

「企業」と名の付くプレーヤーには大きく分けて、大企業、中小企業、そしてベンチャー企業の3つが存在する。大企業と中小企業の境界線は明確である。製造業、建設業、運輸業であれば正規従業員300名以下または資本金・出資総額が3億円以下、卸売業であれば100名以下または1億円以下、サービス業であれば100名以下または5,000万円以下、そして小売業であれば50名以下または5,000万円以下の企業は、それぞれ中小企業に分類される[1]。反対に、こうした業種ごとのヒトあるいはカネの各条件を上回る企業が、大企業と位置づけられる。日本では、中小企業は約380万社で3,300万人を雇用し、大企業は約1万社で1,400万人を雇用している[2]。

境界線が曖昧になっているのが、中小企業とベンチャー企業の線引きである。ベンチャー企業は「企業家精神に富み、新商品・新サービスの開発といった創造的な事業活動に取り組む中小企業」[3]と説明されることもあるが、この説明では中小企業とベンチャー企業を明確に分けることはできない。中小企業、あるいは家族を中心とした小規模企業の中にも、優れた企業家精神を持って革新的なプロダクトを生み出す創造的な企業は数多く存在するからだ。

本書では、ベンチャー企業を「短期間で、急激な事業成長と規模拡大を狙う中小規模の新興企業」として扱う。これは、一般に「スタートアップ（startup）」と呼ばれる企業と同義で、「get big fast（早く、大きく）」を追い求める組織を指す。「venture」とは冒険的で大胆な事柄を表す言葉であり、その名を冠するベンチャー企業とは、通常の中小企業では考えられないような急成長、急拡大を狙う存在である。たとえ9回失敗したとしても1回の大成功を追い続け、打率度外視でホームランを狙うのがベンチャー企業である。また、ホームランを狙うという大きな旗を掲げることで、VC[4]などの投資家から資金を調達しやすいという側面も

図1-1▶成長曲線のちがい

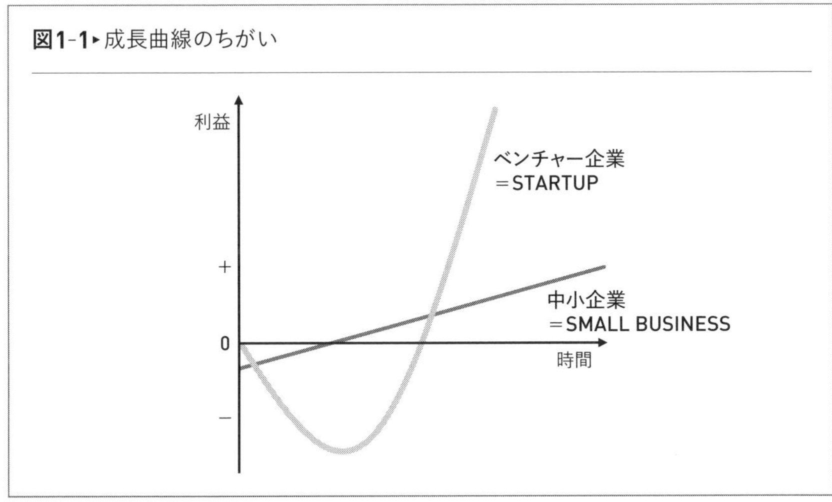

出典：馬田（2017）p.25を基に筆者作成。

ある。軌道に乗るまでは過大なコストで赤字に苦しむが、一度当たれば一気にスケール（規模拡大）を遂げて成功を掴む（図1-1）。打率が低いということは、それだけ挑戦的な取り組みに臨んでいる証であり、それだけ夢かなわず消えていくベンチャーを夢見た企業が多いという現実にもつながる。

VCから資金調達をしたからといって、あるいは先端的なテクノロジーを扱っているからといって、「get big fast」を志していない企業はベンチャー企業ではない[5]。それは、「スモールビジネス（small business）」と呼ばれる中小企業である。ベンチャー企業と比べて中小企業は、着実にヒットを狙うアベレージヒッターであり、適正規模での適正成長を目指す存在である。両者の間でどちらが優れているということはなく、目指す目標と、そのためのビジネス・プロセスが大きく異なるだけである。

日本において「ベンチャー企業」を自称する新興企業の大半は、急激な事業成長と規模拡大を志してはいない、スモールビジネスを展開する中小企業である。スモールビジネスを興して、軌道に乗せたところでメガ・ベンチャーや大企業にバイアウトする（買収してもらう）ことを目標としている中小企業が、「自称ベンチャー企業」の多数派を占めると言っても過言ではないだろう。そうした自称ベンチャー企業は、中小企業と呼ばれることを嫌うが、繰り返すように、中小企業という存在がベンチャー企業に劣ることは決してない。ただし、通常では考えられない速度での成長・拡大を狙うプレーヤーだけが、本来はベンチャー企業に該当する。その意味では、日本においてベンチャー企業と名乗れるプレーヤーは決して多くない。日本における近年のベンチャー・ブームは、スモールビジネス・ブームと言った方が実態としては適切だろう。

2018年時点で、日本は第四次ベンチャー・ブームの渦中にいる。さらに、第四次産業革命も同時並行して起きているという事実を踏まえ、ビジネスマンおよびその予備群の学生は、歴史上でも稀に見る激変の時代を生きていることを自覚すべきである。ここで少し、ベンチャー・ブームの歴史を振り返っておこう。

日本におけるベンチャー・ブームは、およそ10年周期で起きている。第一次ベンチャー・ブームは、1970年代前半にかけて起きた[6)]。当時は高度経済成長のピークで、好景気を背景に起業・独立の機運が高まり、各企業も余剰資金の投資先として新興企業への投資を積極的に行った。この時期に、コナミやアデランスといった企業が誕生している。また、現在では「Hard Tech Startup」と呼ばれるような技術・研究開発型ベンチャーの創業が活発に行われたが、その大半は株式上場に至らずに消えていった。第一次ベンチャー・ブームは、1973年の第一次石油ショックを境に、短期間で終わりを迎えることとなる。

続く第二次ベンチャー・ブームは、1980年代のことである。当時は、石油ショックを超えて重厚長大の重化学工業偏重から、軽薄短小の軽工業および流通・サービス業へと産業構造が大きく変わる最中だった。産業構造の変革期に合わせて、スクウェア（現、スクウェア・エニックス）やカプコン、ソフトバンクといった多くの企業が登場してきた。第二次ベンチャー・ブームは、1985年のプラザ合意後に訪れた円高不況によって終焉を迎えた。

1990年代からは、第三次ベンチャー・ブームが始まる。バブル崩壊後の不況を立て直すため、創造型企業の輩出が奨励され、国の主導の下、起業に関する規制緩和や支援が1995年から数多く行われた。1999年には、ベンチャー企業が上場しやすいマーケットとして、東証マザーズが開設された。この流れと並行して、1993年からインターネットの商用利用が解禁されたことを受け、インターネットに関連するサービスを事業化するネット・ベンチャーが次々と誕生した。ここから1997年創業の楽天、1999年創業のディー・エヌ・エー、2004年創業のミクシィなどがあらわれてくる。こうしたネット・ベンチャーに加えて、バイオ・ベンチャーも数多く誕生したが、2006年に起きた粉飾決算にまつわるライブドア事件、インサイダー取引にまつわる村上ファンド事件を境に、「ベンチャー企業」という存在に対する不信感が強まり、ブームは下火となっていった。

そして、2010年代からは第四次ベンチャー・ブームが始まっている。ベンチャー企業を経済活性化のエンジンとして重要視し、アメリカやイギリスと同水準の開業率10％台を目指し、国による起業支援の体制が再び強化され、支援制度の整備とともに官民一体ファンドによるベンチャー投資などが活発に行われている。大学教育においても起業を推奨する流れが強まり、ベンチャー支援のためのインキュベーション施設を設ける大学が増えてきている。また、オープンソースのソフトウェアやクラウドサービスの利用を通じて、ネットサービスに関する開発と宣伝に必要なコストが大幅に低くなったこと。3Dプリンターなどのデジタル工作機械の登場によって、技術やノウハウ取得にかかる長い時間を経ずに、かつ大きな設備投資を伴わずに、ものづくりが可能になったこと。あるいは、インターネットを通じて世界の製造企業に小ロットからの製造委託ができるようになったこと。こうした背景から、アイデアさえあれば、自己資金だけで起業しやすい環境が整い、4回目のベンチャー・ブームは活発化していっている。

2006年に1,472億円だった未上場ベンチャー企業による資金調達額は、2012年に629億円まで落ち込んだものの、第四次ベンチャー・ブームに乗って2015年には1,658億円へとV字回復を見せている[7)]。IPO[8)]でも、2006年の188社から2009年の19社を底として、2015年には92社へと数を戻しつつある。ただし、2015年時点での日本の開業率は5.2%で、廃業率の3.8%は上回っているものの、目標とする10%台まではまだまだ遠い道のりとなっている[9)]。

総合起業活動指数（TEA）[10)]を見てみると、2014年の日本は3.8%と調査対象70カ国中69位の低さである。特徴として、「失敗への恐怖心」が高く、「起業家への尊敬度」が低い結果が現れているが、2016年には5.3%へと上昇傾向を見せてきている[11)]。途上国、新興国では起業に対する志向が高く、TEAの1位はカメルーンの37.4%である。また、中国は22位の15.5%、アメリカは27位の13.8%となっている。ただし、開業率やTEAといった数字にはベンチャー企業と中小企業が混在しており、必ずしもベンチャー企業が増えているとは限らない点には注意が必要である。

このように、ベンチャー企業を増やそうとする試みは、日本に限らず、世界中で取り組まれている。なぜこれほどまでにベンチャー企業が重要視されているのかと言えば、世界中の社会と経済からイノベーションが求められており、イノベーションを生み出すメイン・プレーヤーがベンチャー企業であるからだ。第II部、第III部で見ていくイノベーションの多くが、「挑戦者」であるベンチャー企業の手で生み出されてきた。だからこそ、ベンチャー企業という存在は注目を集め、その活動から産業も消費者も大きな影響を受けている。

2 ベンチャーの階層構造

急激な速度で成長を狙うベンチャー企業は、ラウンド、ステージ、あるいはフェーズと呼ばれる段階で成長過程が分けられている。これらは明確な基準が定まっているわけではなく、業界あるいは企業ごとの感覚的な区分として使われているものである。資金調達の観点からはラウンドと称され、初めてのシード・ラウンドから、増資を受けるごとにシリーズA、シリーズB、シリーズCと続き、エグジット（Exit／出口）前の最後がファイナル・ラウンドと呼ばれる。そして、エグジットとしてIPOかM&A[12]を選択する。アメリカでは90%のベンチャー企業がM&Aを選択するが、反対に日本では90%がIPOを選択する[13]。大企業によるベンチャー企業のM&Aが少ない、という日本の特徴は、エグジットするにはIPOを選ぶしかないという起業時のリスクの1つとなっており、日本における起業の数が少ない一因にもなっている。ただし、近年の大企業によるCVC（Corporate Venture Capital）やM&Aの加速は、停滞する日本の起業環境に変化が生じ始めている現状をあらわしている。

しかし、資金調達の観点からラウンドでベンチャー企業を区分する分け方は、事業内容や資金額、資金調達戦略によって必ずしもベンチャー企業の成長段階を反映できておらず、同じラウンドに属するからと言って企業を同様に見ることは難しい。本書では、事業の成長段階でベンチャー企業を分ける一般的なステージ区分と、グローバルで約1,600社に投資を行っているVCの500 Startups（500スタートアップス）社における独自の区分[14]を組み合わせて、ベンチャー企業の成長ステップを考えていこう。なお、世界におけるベンチャー企業の成長スピードは加速を続けており、2000年〜2003年と比べて、2012年〜2015年に設立されたベンチャー企業は2倍以上の速度で成長している[15]。

起業の準備段階は、「シード（Seed）」と呼ばれる[16]（図1-2）。起業家個人、あるいは2、3人のごく少数が当事者となって、プロダクトの構想を練り、プロトタイプの試作に励んでいる段階である。事業計画書の作成、会社法人の設立はできていても、具体的なプロダクトのリリースまでは十分に踏み込めていない。どのようなターゲットに向けて、どのような価値を創出するのか。そのためには、どのような実現プロセスをたどる必要があり、その市場でどう勝ち抜いていくのか。これらをVCやエンジェル投資家[17]に対してアピールし、説得力のある将来性を示して、開発資金を獲得し、成長につなげていく。このシードから次の段階に進めるかどうか、は1つ目の壁であり、この障壁は「魔の川（Devil River）」と呼ばれる。アイデア、構想、あるいは技術の種を、市場のニーズと結びつけられるように育み、川を乗り越えなければならない。

次の段階は、「アーリー（Early）」である。アーリー・ステージでは、企業を立ち上げ、10人程度のチームに成長し、プロダクトをリリースする段階まで進んでいる。まだまだ黒字には程遠いが、企業の運転、設備投資、研究開発に必要となる資金を獲得しつつ、資金ショート（不足）

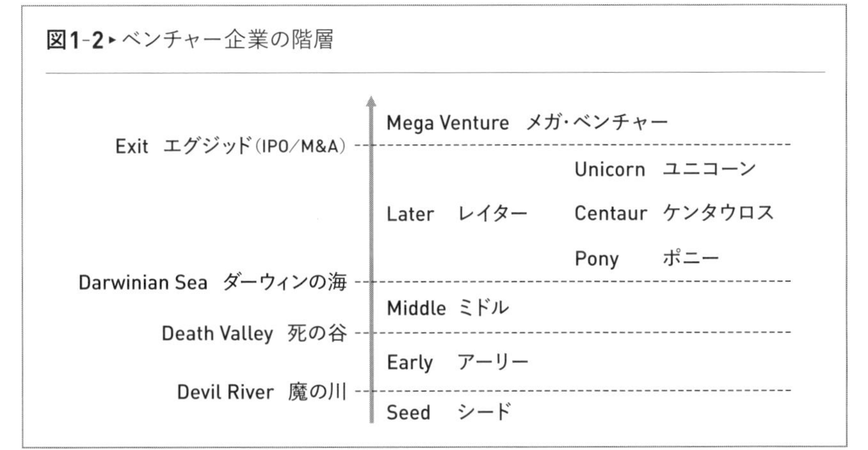

出典：筆者作成。

に陥る前に、いかに早くプロダクトの水準を高められるか。そして、いかに早く認知率を上げられるか、が勝負となる。足元が崩れる前に、とにかく前に向かって走り続ける期間である。アーリーから次に進むためには、「死の谷（Death Valley）」と呼ばれる障壁を突破しなければならない。MVP（Minimum Viable Product）として、一定の水準を満たしたプロダクトに仕上げ、それをいかに販売していくのか、に注力する必要がある。

アーリーを抜けると、「ミドル（Middle）」へ進む。ミドルは、エクスパンションとも呼ばれる段階である。プロダクトが受け入れられ、ある程度のユーザーを獲得できている状態で、収益拡大に向けて急成長を遂げていく期間となる。事業の収益モデルの検証・改善とともに、優秀な人材確保が課題となる。事業化の先にある障壁は「ダーウィンの海（Darwinian Sea）」と呼ばれ、事業を差別化し、競争優位性を構築して市場競争を勝ち抜き、海を渡りきらなければならない。

その先にある段階が、「レイター（Later）」である。ここはグロース、アドバンスとも呼ばれ、組織やビジネスモデルの構築を整え、急速にスケールを遂げていく期間となる。当初のビジネスだけでなく、プロダクトや事業の拡張も図っていく。そのために、オフィスやオペレーションを見直す時期でもある。エグジットを視野に入れて資金調達を加速させ、ビジネスのパワーとスピードを高めていく。多くはこの段階から、業界関係者だけでなく一般消費者にも広く認知される存在となる。

レイターのうち、10億〜100億円の調達実績や推定企業価値のベンチャー企業は、「ポニー（Pony）」[18]と呼ばれる。2018年時点の日本のベンチャー企業では、「お金、決済、商いの未来を創造する」をミッションに掲げ、アプリ「Origami」を通じてEコマースやモバイル決済サービスを展開するオリガミ社が、ポニーに該当する。100億〜1,000億円規模になると、「ケンタウロス（Centaur）」[19]と呼ばれる。2017年末時点で、日本国内にケンタウロスは約20社存在する[20]。そのうちの1社に、アプリ「Eight」を通じてクラウド型名刺管理サービスを展開するサンサン社がある。同社は、積極的な広告戦略を行うなど、短期の利益以上に長期成長を重視する経営に対する評価が高く、2017年11月にはアメリカのゴールドマン・サックスからも出資を受けている。

そして、未上場ながら1,000億円以上の企業価値を有するベンチャー企業が、「ユニコーン（Unicorn）」[21]と呼ばれる存在である。2018年3月時点で、ユニコーンは世界に237社存在し、そのうち118社がアメリカ、62社が中国のベンチャー企業である[22]。世界におけるユニコーンの代表格はUber（ウーバー）社であり、世界最大となる7兆5,000億円規模の企業価値を有し、2019年のIPOを予定している[23]。日本国内のユニコーンは、2017年末時点で2社が該当した。1社は、AI（Artificial Intelligence／人工知能）技術のなかでもディープ・ラーニング[24]の領域で突出した躍進を遂げるプリファード・ネットワークス社である。同社は、トヨタ自動車、NTT、ファナック、日立製作所といった名だたるプレーヤーが提携を求める存在として、際立ったテック・ベンチャーとなっている。もう1社は、フリマ・アプリで消費者間の取引をつなぐプラットフォーム・サービスを展開するメルカリだ。ただし、同社は2018年6月19日の東証マザーズ上場でエグジットを果たしたため、ユニコーンと呼ばれる存在ではなくなっている。日本では、ユニコーンおよび同水準の上場企業を、2023年までに20社創出することを目標として検討しており、経済産業省などの国をあげてベンチャー育成を推し進めている[25]。

さらにその先が、「メガ・ベンチャー（Mega Venture）」の領域となる。メガ・ベンチャーは産業の主要プレーヤーとなり、産業構造を変革し、消費者のライフスタイルを更新していくほどの影響力を発揮し続ける存在である。ドメスティック・メガ・ベンチャーならばスタートトゥデイ（ZOZOTOWN）、ディー・エヌ・エー、楽天、ソフトバンクといったプレーヤーの名前があがる。そして、グローバル・メガ・ベンチャーになるとさらに事業・企業規模が跳ね上がり、アメリカのグーグル（現、アルファベット）、アップル、フェイスブック、アマゾンの「GAFA」、中国のバイドゥ（百度）、アリババ（阿里巴巴）、テンセント（騰訊）の「BAT」が筆頭となる。

ベンチャー企業の半分以上は失敗に終わり、ユニコーンにまで成長を遂げるベンチャー企業は1%以下と言われている[26]。ユニコーンという名前自体、めったに姿をみせない伝説の生き物として名付けられているため、この確率は驚くべきものではないのかもしれない。そして、それ以上に稀な存在であるメガ・ベンチャーは、ほとんど奇跡のような成功事例と言うべきだろう。しかし、シードから始まる成長ステップの延長線上にメガ・ベンチャーが確かに存在していることは事実である。GAFAもBATも、シードとして起業し、猛烈な勢いで、運と実力を兼ね備えてメガ・ベンチャーにまでなった、ベンチャー企業である。

註

1 ――中小企業基本法第2条における基準に基づく。

2 ――経済産業省「2017年版中小企業白書 概要」を参照。（http://www.chusho.meti.go.jp/pamflet/hakusyo/H29/PDF/h29_pdf_mokujityuuGaiyou.pdf）

3 ――中小企業庁「創業・ベンチャー企業支援と中小企業連携組織化の推進」より引用。（http://www.chusho.meti.go.jp/keiei/sogyo/2002/02_venture_keikaku.html）

4 ――VC（Venture Capital）については、第I部第2章「2　ベンチャーを育むプレーヤー」にて後述。

5 ――馬田（2017）を参照。

6 ――第一次～第三次ベンチャー・ブームに関する記述は、太原（2011）を参照。

7 ――日本経済新聞「Data Discovery　ベンチャーブーム再び？日本の「起業力」を解剖」を参照。（https://vdata.nikkei.com/datadiscovery/18startb/）

8 ――IPO（Initial Public Offering）は、新たに株式市場に上場して新規株式公開を行うことを指す。

9 ――中小企業庁「第2部　中小企業のライフサイクル 2　起業の実態の国際比較」を参照。（http://www.chusho.meti.go.jp/pamflet/hakusyo/H29/h29/html/b2_1_1_2.html）

10 ――総合起業活動指数（TEA：Total early-stage Entrepreneurial Activity）は各国の起業活動の活発さをあらわす指標。

11 ――みずほ情報総研「平成28年度産業経済研究委託事業（起業家精神に関する調査事業）報告書」を参照。（http://www.meti.go.jp/policy/newbusiness/h28sangyoukeizaikenkyuitaku_houkokusho.pdf）

12 ――M&A（Mergers and Acquisitions）は、企業同士の買収や合併を指す。

13 ――創業手帳Web「シリコンバレー発VC・500 Startupsに聞く、日本のベンチャーが抱える問題点」を参照。（https://sogyotecho.jp/vc-500-startups-2/）

14 ――創業手帳Web「シリコンバレー発VC・500 Startupsに聞く、日本のベンチャーが抱える問題点」を参照。（https://sogyotecho.jp/vc-500-startups-2/）

15 ――「「ユニコーン企業」の成長の仕組み」『DHBR　2016年3月号』を参照。

16 ――富士通マーケティング「コラム第01回　成長に必要な技術戦略」、高宮（2016）を参考に記述。（http://www.fujitsu.com/jp/group/fjm/mikata/column/kitamura4/001.html）

17——エンジェル（投資家）については、第I部第2章「2　ベンチャーを育むプレーヤー」にて後述。

18——500 Startups社における独自の区分。

19——500 Startups社における独自の区分。

20——日本経済新聞「企業価値、22社が100億円以上　NEXTユニコーン調査」を参照。（https://www.nikkei.com/article/DGXMZO23487810U7A111C1EA8000/）

21——正確には、設立10年未満で企業価値10億ドル以上の未上場企業がユニコーンに該当する。

22——GloTechTrends「ユニコーン企業最新レポート2018年3月時点（まとめ）日本は現在メルカリ1社、プリファード・ネットワークスの名前は？」を参照。数値はいずれも2018年3月時点。（https://glotechtrends.com/global-unicorn-180410/）

23——日本経済新聞「ウーバー、19年にも上場　新CEOが方針示す」を参照。（https://www.nikkei.com/article/DGXLASGT31H0M_R30C17A8EAF000/）

24——ディープ・ラーニング（Deep Learning／深層学習）とは、人間の脳神経回路をモデルとした多層構造アルゴリズムであるディープニューラルネットワークを利用して、AIが自動で学習する仕組みを指す。

25——経済産業省「世界で戦い、勝てるスタートアップ企業を生み出す新たなプログラムをスタートします！（「J-Startup」プログラム）」を参照。（http://www.meti.go.jp/press/2018/06/20180611003/20180611003.html）

26——創業手帳Web「シリコンバレー発VC・500 Startupsに聞く、日本のベンチャーが抱える問題点」を参照。（https://sogyotecho.jp/vc-500-startups-2/）

Chapter 2

起業のエコシステム

Ecosystem

1 ベンチャー大国における起業の潮流

ベンチャー企業という存在や、日本におけるベンチャー・ブームについて知見を共有したところで、次は世界に目を向けよう。起業に関わる者ならば誰もが、アメリカ・カリフォルニア州のサンフランシスコ湾南岸周辺、通称「シリコンバレー」を本場として、憧れ、ベンチ・マーク、就職、提携あるいは投資の対象と見ている。世界のベンチャー投資額は、2017年に1,640億ドル（約18兆円）で前年比50％増を記録したが、そのうちアメリカのベンチャー企業への投資額は719億ドルで、国別で最高額となっている[1)]。

ベンチャー業界は長らくアメリカ1強だったが、近年では中国が急成長を見せ、米中2強へと変わってきている。中国のベンチャー企業への投資額は708億ドルで、アメリカに肉薄している。なかでも、AI（Artificial Intelligence／人工知能）関連のベンチャー企業への投資額は、総額125億ドルのうち中国AIベンチャーが48％を占め、アメリカAIベンチャーの

38%を初めて、そして大きく上回った[2]。2016年時点での中国AIベンチャーの割合は11%にすぎなかったことを考えれば、いかに劇的な速度でその存在が大きくなっているか分かるだろう。ベンチャー投資額において、米中が約8兆円で肩を並べているのに対して、日本のベンチャー企業への投資額は約2,700億円である[3]。およそ30倍もの開きがある。

鎖国時代のようにビジネスが国内で完結する世の中ではない以上、日本のベンチャー企業、日本のベンチャー・ブームだけを見て、ベンチャー企業という存在について理解した気になるべきでない。世界の主戦場であるアメリカと中国の実態や背景について知っておく必要がある。ここでは、米中というベンチャー大国における起業の潮流について紹介していこう。

まずはアメリカにおける起業にまつわる流れを振り返ろう。もともと、アメリカは欧州諸国の植民地から独立を勝ち取った建国の背景もあり、新しい挑戦の末に自らの手で成功を勝ち取ることを奨励する「アメリカン・ドリーム」の文化が根強い。挑戦を称える国民性は、世界の中でもひときわ強いだろう。シリコンバレーに焦点を当てると、その出自は軍事産業拠点にさかのぼる[4]。第二次世界大戦の前から、戦争は通信や防空レーダーが勝敗を握る電子戦となっており、そのための研究開発が盛んに行われていた。第二次大戦中には、ハーバード大学にHarvard Radio Research Lab（RRL）という研究所が設立され、800人の研究者が敵国のレーダー解析などに取り組んだ。このRRLの指揮をとったのが、スタンフォード大学のフレデリック・ターマン教授であり、彼はのちに「シリコンバレーの父」と呼ばれる。大戦終了後、カリフォルニア州のスタンフォード大学に戻ったターマン教授は、次の戦争に備えてマイクロ波などの研究開発に注力するため、RRLから研究者を引き抜き、同大学にElectronics Research Lab（ERL）を創設した。ソ連との冷戦、朝鮮戦争が起きていく中で、スタンフォード大学には巨額の軍事研究予算が集まり、軍事産業の中心地となっていった。

軍事産業に関する研究開発が進められるなか、ターマン教授は自身の教え子たちに起業を奨励し、大学の知的財産権を起業する学生に移譲する代わりに、企業の役員に教員陣が就いていく流れをつくった。その結果、スタンフォード大学周辺には軍事産業に関わる技術系の新興企業が数多く誕生していくこととなる。この新興企業の集積と、それらに対して支援するVC（Venture Capital）の集積が、現在のシリコンバレーの土壌となった。

1970年代になると、アメリカ全土でも、日本をはじめとした海外製造業の脅威に立ち向かうため、起業の機運が高まっていった。1978年には、アメリカ中小企業庁が中小企業の振興を検討し、各種研究レポートをホワイトハウスの中小企業委員会が取りまとめ、『アメリカの中小企業経済』という報告書が作成される。そこには、新規に誕生する企業を奨励し、経済に活力をもたらす「誕生権経済（Birth-right Economy）」の活用が訴えられており、国をあげて起業を奨励する体制が整えられていった。

シリコンバレーは、ターマン教授の教え子が創業したHP（ヒューレット・パッカード）社や、インテル社といったテック・ベンチャーが活躍する地となり、1993年の情報通信ネットワークの一般開放を契機に、インターネットやその利用のためのPC、および関連製品・サービスのIT企業が続々と生まれていった。この流れの中でアマゾン、eBay（イーベイ）、ヤフー、グーグル（現、アルファベット）などが登場し、急成長を遂げていく。そして、現在に続くハードウェア、ソフトウェアに関するビジネスと、その担い手であるベンチャー企業が集積するシリコンバレーが形作られた。

続いて、中国の起業の流れを見ていこう5)。中国のベンチャー企業は、4つのグループに分けて捉えられる。まず1つ目は、1980年代の起業グループがある。世界的な家電メーカーに躍進したハイアール（海尔集团）社、PCメーカーのレノボ（聯想集団）社などがその筆頭である。このグループの起業家は、文化大革命の時期で大学進学ができないなど、必ずしも学歴を伴わずに、自らの発想と行動力で事業を興して成功を掴み取った。2つ目は、1990年代の起業グループである。1992年に当時の中国の最高指導者である鄧小平が改革・開放の加速を提唱した南巡講話を受けて、起業の機運が高まり、調査会社から金融・不動産などのコングロマリット6)へと成長を遂げたフォースン（復星国際）社、大手家電量販店を展開するサニング（蘇寧雲商）社といった数多くのベンチャー企業が新たに出てきた。3つ目は、2000年前後の起業グループで、ここでバイドゥ（百度）、アリババ（阿里巴巴）、テンセント（騰訊）という現在の中国市場を牽引するメガ・ベンチャーが登場してくる。2001年のWTO（世界貿易機関）加盟や、インターネット関連ビジネスの活発化を受けて、中国市場に特化したネット・ベンチャーが急成長を遂げていった。

そして、4つ目が2010年以降の起業グループで、タクシー配車やライドシェア事業のディディ・チューシン（滴滴出行）社、スマートフォンをはじめとする総合家電メーカーのシャオミ（小米科技）社など、これまで以上の速度で成長を果たすベンチャー企業が次々と誕生し続けている。3つ目、4つ目のグループの起業家たちのなかには、海外の大学・大学院での留学経験を積んで帰国する「海亀族」と呼ばれる優秀な人材が多く、彼らが原動力となって中国国内に複数の中国版シリコンバレーが形成されつつある。

中国におけるベンチャーの集積は「北上杭深」と言われる。北京、上海、杭州、深圳の4都市に多くのベンチャー企業とVCが集まっている。バイドゥは北京、アリババは杭州、テンセントは深圳にそれぞれ本社を構えており、中国のユニコーンの所在地はこの4都市に集中している。そして、バイドゥは16社、アリババは27社、テンセントは37社のユニコーンにそれぞれ出資を行っており、各都市におけるベンチャーの活性化を導く存在となっている。

なかでも、深圳はシリコンバレー化が進んでいる地域となっている。地理的に香港に近く、人材が豊富であり、製造加工に携わる企業も幅広く存在しており、短期間で電子製品のデザイン・製造が実現できる環境となっている。1980年代まで深圳は人口わずか数万人の小さな漁村にすぎなかったが、電子機器の部品製造に始まり、海外ヒット商品の模倣品製造が盛んとなり、そこから模倣に終わらない付加価値を備えたプロダクト開発拠点へと、ビジネスの種類と規模を変化させていった。2017年には人口1,200万人を超える大都市として、経済特区にまでなっている。テンセントの他にも、スマホやPCの大手メーカーとして急成長を続けるファーウェイ（華為技術）社やZTE（中興通訊）社、ドローンで世界トップシェアのDJI（大疆創新科技）社など数多くのメガ・ベンチャーが、この地に集まっている。そして、メガ・ベンチャー群を主体とした最先端のR&D拠点となり、まさしく中国のシリコンバレーと呼ばれるに相応しい地域となっている。

また、深圳は起業を志す若者たちの天国とも言われる。多くの若者が、起業に成功して、メガ・ベンチャー群からのM&Aでエグジット（Exit／出口）するか、自らもメガ・ベンチャーに成り上がるか、を目指している。国営企業や既存の大企業への入社やそこでの出世には、血縁や特別なコネクションが求められるケースが少なくない。中国では、大きな成功を掴むためのメジャーな選択肢として起業がある、という環境になってきている。そして、大小さまざまながら「チャイニーズ・ドリーム」をすでに掴んだ挑戦者たちが大勢いることで、その背中を追う次の挑戦者が増え続けている。

2 ベンチャーを育むプレーヤー

アメリカ、そして中国という2つのベンチャー大国における、過去から現在にかけての起業の流れを見てきた。これまでベンチャー企業についてさまざまな事柄を述べてきたが、続いては、ベンチャーを語るうえで外すことのできない重要な存在を紹介しよう。ベンチャー企業は、優れた起業家と優れたプロダクト、ビジネスモデルが揃っていれば急成長を遂げられるわけではない。多産多死のベンチャー業界で急成長を遂げるためには、もう1つ、資金が不可欠となる。あらゆる企業活動を行ううえで欠かすことのできない資金を調達できて初めてベンチャー企業は立ち上がることができ、資金調達を重ねることによって猛烈なスピードで走り続けることが可能となる。資金面をはじめとして、ベンチャーを育むさまざまなプレーヤーたちについて見ていこう。

大企業は銀行からの融資や株式市場を通じた投資家からの資金調達を選択するが、そのどちらも難しい新興企業にとって、まず頼ることになる相手がVCである。VCは、未上場の新興の中小企業やベンチャー企業へ出資し、株式を取得、その企業が株式上場したのちに取得株式を売却し、大きく値上がりした分の差額（キャピタル・ゲイン）を利益として獲得することを目指す企業・ファンドを指す。資金を出すだけでなく、経営コンサルタントの役割も果たし、企業価値を向上させる活動に従事するVCも少なくない。VCは、有望なベンチャー企業をできるだけ早く押さえておくことで、急成長した後の株価売却の旨みが大きくなる。ただし、そのベンチャーが有望か否かを見極める能力が欠かせないこととなる。投資対象の企業がエグジットを果たせなかった場合、投資回収はできなく、一般的な投資と比べてハイリスク・ハイリターンだからだ。そのため、VCには事業が発展する可能性について、ビジネスアイデア、事業計画、および経営者のスキルと人格、企業のチームとしての総合力などから、将来性を判断する「目利き」が重要となる。

一般的に、VCの投資対象企業の数は2社〜30社程度で、そのうち60%はゼロになってしまうという[7)]。目利きが優れていても、元手を取れるのは20%で、残りの20%の成功企業が何倍、何十倍、ときには何百倍にも化けることを狙っていく。そのため、特にシード段階のベンチャー企業へ投資するVCは、小さな金額をより多くに投資することで、リスクを分散させる傾向が高い。シリコンバレーのVCの500 Startups（500スタートアップス）社は、「Lots of little bets（小さな投資をたくさんする）」を方針として掲げ、その名のとおり500社のシードに対する投資を志して設立されたが、2016年時点で当初の目標を3倍以上超える約1,600社への投資を行っている。また、日本のVCのスカイランドベンチャーズ社では、25歳以下で、プログラミングのスキルを備えていて、Twitterで情報・刺激を収集する習慣がある、という3つを基準に掲げてシードや起業家の卵に対して広く投資を進めている[8)]。

VCと近い発想で、より早い段階で、より少額の資金をベンチャー企業に提供する個人投資家は、エンジェル投資家（Angel）と呼ばれる。VCと比べて金額は限られるものの、エンジェル投資家の多くは起業経験のある実務家であり、人脈を生かしたサポートや経験に基づいた助言をしてくれる存在である。アメリカでは、起業家とエンジェル投資家のマッチングを支援するプラットフォーム「Angel List」が起業の活性化を促進している。VCとエンジェル投資家は、起業家と同様、ベンチャー業界を活性化させるために重要なプレーヤーとなっている。

詳しくは第III部第9章のオープン・イノベーションの文脈でも紹介していくが、近年、大企業が主体となってベンチャー企業への投資を行うCVC（Corporate Venture Capital）も活発になってきている。CVCは、投資対象であるベンチャー企業と事業の関連性が高いIT関連や通信事業の大企業が積極的に行ってきたが、その業種の偏りはなくなりつつある。2016年には、三越伊勢丹ホールディングス、ニコン、アシックス、資生堂、そしてJR西日本などが一斉にCVCに参入した[9)]。ただし、CVCはVCと比べて経験、ノウハウ、目利きが不足している場合が多く、投資対象にはリスクの低い、すでに軌道に乗っているミドル・レイター段階のベンチャー企業が選ばれやすい。一方、CVCではキャピタル・ゲインよりも事業シナジーやオープン・イノベーションを目的とする場合が多いため、それらを見越した大きな投資が行われる機会となりやすいことも特徴となっている。

また、インキュベーター（Incubator）やアクセラレーター（Accelerator）と呼ばれる存在も増えてきている[10)]。前者は、主にシードを対象として、資金面での援助や、業務場所の提供、経営アドバイスの提供を行う。独立系のインキュベーターに加えて、大企業やVC、国、大学が運営するインキュベーション施設も多い。ベンチャー企業が羽ばたくための整備・指導といった役回りを果たしている。後者は、一般的に、期間限定のプログラムという形でベンチャー企業に飛躍の機会を提供する存在である。ベンチャー企業はアクセラレーターの提供するプログラムに参加することで、幾らかの株式と引き替えに、少額の資金と、大規模な人的ネットワークを手にすることとなる。このネットワークには、有力ベンチャーの経営層や投資家がおり、ベンチャーにとって資金以上に価値のあるモノとなる。有力なアクセラレーターのプログラムにはベンチャー企業からの応募が殺到している。例えば、Airbnb（エアービーアンドビー）社やDropbox（ドロップボックス）社を飛躍させたことで知られるアメリカのY Combinator（Yコンビネーター）社のプログラムは、選考通過の確率が約2%の激戦となっている。

加えて、スタートアップ・スタジオと呼ばれる存在も増えてきている。スタートアップ・スタジオは、同時多発的に複数のベンチャー企業を立ち上げることを目的とした組織で、起業家やイノベーターが新しいコンセプトを次々と打ち出していくために最適な環境づくりを目指している[11)]。スタジオの内部で、自らアイデアを生み出し、そして自らベンチャー企業を立ち上げていく。一度大きな成功を手にした起業家が新たに創業する際にスタジオを立ち上げるケースや、大企業がスタジオを設けるケースがある。

Uber（ウーバー）の共同創業者が中心となって立ち上げたスタジオ「Expa Capital」には、多くの起業家・実務家が在籍している[12)]。ここに在籍する起業家は、豊富な成功体験と知見を持ったスペシャリストたちの助言を受けながら、プロダクト開発やシステムデザイン、各種マーケティング戦略を練って新たなベンチャー企業を興していくことができる。アイデアからエグジットまでのルートをどう進んでいくべきかのノウハウがスタジオ内部に蓄積され、分析、デザイン、戦略、人脈、そして資金調達を、スタジオとして内部の起業家たちに対して提供していく。Expa Capitalでは、配車サービスのウーバーや、チャットサービスのOperator（オペレーター）をはじめ、2016年時点ですでに11社のベンチャー企業を輩出している。

また、アルファベット（グーグル）社はスタートアップ・スタジオとして「エリア120」を立ち上げ、ベンチャー輩出を進めている。大企業はスタジオを立ち上げることで、スタジオから排出されるベンチャー企業をいつでも買収可能な状態で、大企業本体とは異なるプロセス、文化での冒険的なチャレンジを推奨できることになる。

起業家や起業志望者から、大企業や研究機関、投資家までがスタジオに参画・提携して、専門家たちと共にイノベーションを生み出していくスタートアップ・スタジオは、2015年時点で世界の51のスタジオがVCから総額40億ドル以上の資金調達に成功しており、2016年の調査ではスタジオの数が150以上に増えている。特に、連続して起業を行っていく「シリアル・アントレプレナー」と呼ばれる起業家たちにとって、新しいアイデアを効率的に事業化させていけるスタジオは効率的な組織として受け入れられやすい。

VC、エンジェル投資家、CVC、インキュベーター、アクセラレーター、そしてスタートアップ・スタジオと、ベンチャー企業を育むさまざまなプレーヤーを紹介してきた。最後に、彼らが投資対象とするベンチャー企業のなかでも、注目を集めるトレンドを取り上げておこう。AI、IoT（Internet of Things／モノのインターネット）といったテクノロジー関連の領域が注目を集めるなかで、特に高い関心（投資）が寄せられているのが「6 Tech」と呼ばれる6つの領域である[13]。

1つ目は教育とテクノロジーを掛け合わせたEdu Techである。リクルート社の社内ベンチャーから生まれた「スタディサプリ」や、世界の学校で宿題管理ツールとして300万人に利用されている「Quipper（クイッパー）」などがこれにあたる。2つ目は、健康とテクノロジーを掛け合わせたHealth Techがある。オンライン健康管理サービスを提供するアメリカの「Noom（ヌーム）」は利用者数を世界で伸ばしている。メキシコの19歳の大学生が開発した、週に一度、1時間の着用で乳がんを早期発見するIoTブラ「EVA」には多くの支援企業が集まり、初回生産5,000着は完売し、2019年には大量生産とグローバルな販売展開が見込まれている[14]。

3つ目は、金融とテクノロジーを掛け合わせたFintech（financial technology）だ。これは6つのなかでも先行しており、モバイル決済から会計のクラウドサービス、AIを用いた資産運用サービス、仮想通貨まで幅広く進められている。4つ目は、自動車とテクノロジーのAuto Techで、こちらは自動運転や運転データ解析などの実証実験段階のものが多い。5つ目は、家とテクノロジーのHome Techで、スマートホームに関する取り組みが代表的である。そして6つ目が、ドローンや宇宙に関わる新領域のFrontier Techで、前者はアマゾンやDJI社などが取り組み、後者はSpace X（スペースX）社などが取り組んでいる。

この6領域にとどまらず、これまでテクノロジーと関わりの薄かったものも含めて、数多の領域がテクノロジーと掛け合わさる「X Tech」は、今後さらに拡大していく。テクノロジーは極めて幅広い領域へと浸透し、複雑に絡み合う。そこにヒト、モノ、カネが集まり、新たな企業も参入していく。いわゆる「ハイテク」の分野は、すでに一領域に限定されるような存在ではなくなっている。

註

1 ──Forbes JAPAN「アジアへのVC投資額、昨年は約8兆円　米国に匹敵する規模に」を参照。VCからベンチャー企業への投資額の総計を表している。（https://forbesjapan.com/articles/detail/19436）

2 ──ROBOTEER「AI関連スタートアップの資金調達額で中国がアメリカを上回る…史上初」を参照。（https://roboteer-tokyo.com/archives/11817）

3 ──UZABASE「2017年の国内ベンチャー資金調達額は2,700億円を突破（entrepedia調査）」を参照。（https://www.uzabase.com/company/news/entrepedia_report_2018

02/)

4 ——太原（2011）およびGigaZine「シリコンバレーが世界最高のIT産業の集積地となるまでの知られざる歴史」を参照。（https://gigazine.net/news/20150202-silicon-valley-secret-history/）

5 ——藤田（2017）、Glo Tech Trend「ユニコーン企業最新レポート2018年3月時点（まとめ）日本は現在メルカリ1社、プリファード・ネットワークスの名前は？」、東洋経済ONLINE「日本人が知らない中国深圳「爆速進化」の凄み」、および日経ビジネスONLINE「中国のベンチャーブームは本物か」を参照。（https://glotechtrends.com/global-unicorn-180410/）、（https://toyokeizai.net/articles/-/222822）、（http://business.nikkeibp.co.jp/article/tech/20060606/103736/）

6 ——コングロマリット（conglomerate）は、関連事業に限らず、多岐にわたる業種の事業を展開する複合企業を指す。

7 ——創業手帳Web「シリコンバレー発VC・500 Startupsに聞く、日本のベンチャーが抱える問題点」を参照。（https://sogyotecho.jp/vc-500-startups-2/）

8 ——日本経済新聞「投資は「U25起業家限定」スカイランドベンチャーズ」を参照。（https://www.nikkei.com/article/DGXMZO23808760S7A121C1XY0000/）

9 ——東洋経済ONLINE「大企業ものめり込む「ベンチャー投資」の熱狂」を参照。（https://toyokeizai.net/articles/-/158167）

10 ——ZDNet Japan「アクセラレーターとインキュベーターの違いは？—スタートアップ企業の基礎知識」を参照。（https://japan.zdnet.com/article/35057145/）

11 ——シゲティ（2017）を参照。

12 ——pedia「Uber共同創業者のスタートアップスタジオExpa、第2号ファンド「Expa Capital II」を設立…ファンド規模は約100億円を目指す」を参照。（https://thepedia.co/article/uber）

13 ——GLOBIS「知見録　ベンチャー投資の新潮流「6テック」って何？」を参照。（https://globis.jp/article/4084）

14 ——ITmedia NEWS「乳がん見つける“IoTブラジャー”メキシコの19歳青年が開発　日本にも進出か」を参照。（http://www.itmedia.co.jp/news/articles/1805/24/news053.html）

Chapter 3

メガ・ベンチャーの誕生構造

Structure of the Birth

1 巨人が庭を広げるアメリカ

2018年、世界の経済の中心に立っているのは、2000年前後から急成長を果たしたメガ・ベンチャー群である。インターネットの一般解放から約25年、スマートフォンの普及から約10年、ネットワーク・テクノロジーを駆使してヒト、モノ、カネ、そしてさまざまなビジネスと企業が集うプラットフォーム[1]の展開に成功した特定のメガ・ベンチャーたちが、比類ないほどの成功を収めている。なかでも、アメリカの「GAFA」と中国の「BAT」はその筆頭として知られる。本章では、GAFAやBATといったメガ・ベンチャー群を手掛かりとして、アメリカと中国それぞれにおけるメガ・ベンチャーの誕生構造について見ていこう。そして、世界との比較を通じて、メガ・ベンチャーが現れてこない日本について考えてみよう。

まずは、グーグル（現、アルファベット）、アップル、フェイスブック、アマゾンという4社のメガ・ベンチャーの頭文字を組み合わせたGAFA

について紹介しよう。「G」のグーグルは、1998年にスタンフォード大学の学生寮から始まった[2]。当時、大学院生で23歳だったラリー・ペイジとセルゲイ・ブリンは、インターネット上にあるすべての情報をダウンロードし、リンクを保存する方法を考えた。その発想をきっかけとして、外部サイトからのリンク量でページをランク付けする「ページ・ランク」という技術を創り出し、それを基に検索エンジンを開発した。当初「BackRub」と名付けられたこの検索エンジンは、間もなく「Google」と名前を変えてリリースされた。

1998年にGoogle Searchが公開されると、既存の他社検索サービスよりも迅速かつ的確な検索機能が大きな支持を集め、クチコミによって急速にユーザー数を伸ばしていった。2002年には開発途上のサービスを公開するGoogle Labを開設し、その中から記事を自動でランク付けするGoogle Newsや、競合よりもはるかに容量の大きい電子メール・サービスのGmailといった新サービスを生み出した。また、グーグルは高い広告収入を背景に、買収して獲得した他社のサービスを、Googleの新サービスとして無料公開していくことで更に支持を高めていった。例えば、2005年には衛星地図ベンチャーのKeyhole（キーホール）社を買収することで、世界各地の衛生・航空写真を無料公開するGoogle Earthをリリースした。Google Earthは大きな驚きとともに消費者に受け入れられ、位置情報検索・地図情報サービスのGoogle Mapと合わせて広く利用されている。グーグルは、世界の情報の整理とアクセシビリティ、という自社のミッションを実現し続けてきている。

また、同じく2005年にOS（Operating System）開発ベンチャーのAndroid（アンドロイド）社を買収し、獲得したスマートフォンOS「Android」を、誰でも無償で利用できるオープン・ソースとして公開した。このAndroid OSは、アップルのiOSからシェアを奪い取っていき、2018年には世界で24,000を超えるスマートフォン機種に搭載され、スマートフォンのOSシェアで約85%を獲得している。Android OSのMAU（月間アクティブユーザー）は20億人に達し、アプリ・ストアGoogle Playに登録されているアプリ数は350万を超えている。

グーグルは2001年からの7年間で、2004年のナスダック上場を挟んで、従業員を284名から16,805名へ、売上を8,600万ドルから166億ドルへと劇的に拡大させた。PC、スマートフォンのいずれにおいても、世界で圧倒的なシェアを誇る検索エンジンを軸として、ページ閲覧プログラムのGoogle Chrome、前述のGoogle Map、2006年に買収したYouTubeなどのサービスを通じて、数十億人のデータを収集。その膨大なデータに基づくターゲティング広告を実現している。さらに、AI「Google Assistant」を通じて、自動車、住宅、家電といったリアルの隅々にまで根を広げていっており、今後もグーグルの成長は続いていくだろう。

次は、「A」のアップルを見ていこう[3]。アップルは、1976年、リード大学中退後にビデオゲーム開発のATARI（アタリ）社に勤めていた当時21歳のスティーブ・ジョブズが、HP（ヒューレット・パッカード）に勤めていたスティーブ・ウォズニアックとともに自宅ガレージで作ったPC「Apple Ⅰ」から始まった。改良版のApple Ⅱがヒット商品となり、アップルは急成長を遂げていく。IPO（Initial Public Offering）は、法人化から4年目の1980年のことである。Apple Ⅱのヒットによって、アップルにはヒトとカネが集まり、1983年にLisa、1984年にMacintosh（Mac）と、PCの新商品を展開していった。だが、大企業IBMのPC分野参入によって業績は悪化し、また社内での派閥闘争激化の末に、1985年、スティーブ・ジョブズはアップルを退社することになってしまう。

その後、アップルはヒット商品を生み出せず、約10年の低迷期を歩み続ける。一方、ジョブズは新たにNeXT（ネクスト）社を立ち上げてソフトウェア開発を進める傍ら、Lucasfilm（ルーカスフィルム）社のコンピュータ部門を買収。これをPixar（ピクサー）社として独立させると、CGアニメーション制作の事業を成長させ、1995年に大ヒット映画『トイ・ストーリー』を生み出すことに成功する。1996年にはネクスト社のOS「NeXTSTEP」がアップルの次世代OSに採用されたことで、ネクスト社がアップルに買収される形で、ジョブズはアップルに復帰していった。

ここから現在に続くアップルの躍進が始まる。アップルがメガ・ベンチャーとして認識されているのは、ジョブズ復帰以降の加速度的な成長を指しているからだろう。1998年のiMac、2001年のiPod、2007年のiPhone、2010年iPadと継続的に大ヒット商品を創り出していった。2000年時点で71億ドルだったアップルの売上は、2011年には800億ドルへと急成長を遂げた。主力製品であるiPhoneは、発売から10年間で累計販売台数12億台を突破し、約83兆円もの売上をあげている。

加えて、アップルの躍進を導いたもう1つの要因として、サービス事業における成長があげられる。2003年に開設されたiTunes Music Storeは、当初から20万曲のラインアップを揃え、1曲あたり99セントという低価格設定や、購入曲を複数端末で利用可能など、徹底した顧客志向に基づいたサービスがユーザーからの支持を集め、リリース後1週間で100万曲の売上を記録するほど熱烈に受け入れられた。アプリ・ストアのApp Store、音楽定額配信のApple Music、製品保証のApple Care、モバイル決済のApple Pay、そしてクラウドサービスのiCloudなど、iPhoneおよびMacを通じて利用できる豊富なサービスを展開している。2017年8月時点で、サービスの有料会員の総数は1億8,500万人にのぼる。Apple Musicは、2018年3月時点で3,800万人が利用しており、加えて800万人がトライアル中で、1カ月あたり200万人増という加入ペースを記録している。ガジェット、OS、ソフト・コンテンツ、実店舗までのすべてを一貫して「アップル・ブランド」として提供することで、熱狂的なファンを生み出し、アップルは世界で最も価値の高いブランドとして成長を続けている。

続いては、「F」のフェイスブックである[4)]。フェイスブックは、2004年、ハーバード大学の大学生だったマーク・ザッカーバーグが19歳で創業した。始まりは、女子学生とのやり取りに腹を立て、憂さ晴らしに開発したサイト「Facemash（フェイスマッシュ）」で、同性同士の写真を2枚並べてどちらがより「Hot」かを投票していく、ジョークのようなサービスだった。Facemashには公開後4時間でハーバード大学生から2万件以上のアクセスが集中したが、写真の無断使用などに対して、学生たちから倫理、セキュリティ、著作権などの侵害で訴えられ、大学から謹慎処分を受ける。その反省を踏まえ、プライバシーに配慮したうえでリリースしたものが「(The) facebook」である。リリース当初は、Theが付いていたfacebookは、大学内の他者とコミュニケーションをより気軽に取れるようになるツールとして受け入れられ、数日のうちに登録者は数百人にのぼった。1カ月後には、大学生と大学院生、卒業生や教職員にまで広がり、利用者は1万人に達した。

その後、facebookはハーバード大学からスタンフォード大学や、コロンビア大学、イェール大学、ダートマス大学、コーネル大学といったアイビーリーグ[5)]へとサービスを拡大していった。アメリカの中でも名門校と呼ばれる大学に通う学生たちにとって、大学名と自身の実名を公開したSNSとして、ある種の特権的なサービスとして瞬く間に普及を遂げた。若者の中でもオピニオン・リーダーとなりやすい層をまず押さえ、他の人々が自然と後を追っていく流れが作られていった。

2006年にはアメリカのヤフー社から買収提案が持ちかけられるが、これを拒否し、逆に競合他社のSNSサービスを次々と買収していく。世界をよりオープンに繋げること、というミッションの実現に向けて、2012年のIPO前後から、2012年にInstagram、2013年にStorylane、2014年にWhatsApp、2017年にtbhと有力SNSを次々と取り込んでいっている。買収したSNSの技術を取り込み、facebook自体も、2008年時点ですでに世界最大のSNSとなっていたが、2010年9月にMAU（月間アクティブユーザー）は5億人に達し、その後2012年9月に10億人、2015年9月に15億人、そして2017年5月には20億人を突破している。こうした圧倒的なユーザー数とユーザーのデータ分析に基づき、膨大な広告収入をあげ、フェイスブックは世界最大のSNS企業として成長を続けている。

そして、もう1つの「A」はアマゾンである[6]。アマゾンは、1994年に当時30歳だったジェフ・ベゾスが創業した。ジェフ・ベゾスは、プリンストン大学卒業後に金融・通信系のFitel（ファイテル）社、Bankers Trust（バンカーズ・トラスト）社、D.E. Shaw（D.E.ショー）社と渡り歩き、各社で活躍をしたのちに、本の通信販売事業「Cadabra.com」を立ち上げた。自宅ガレージで始められたサービスは、すぐに「Amazon.com」と改名され、最初の1カ月でアメリカのすべての州の消費者に書籍を販売した。1995年時点で、アマゾンのデータベースにはすでに100万タイトルの書籍が登録されており、ランキングのトップ1,000タイトルをすぐに検索できる体制が整えられ、「地球最大の書店」として躍進していった。徹底したローコスト経営や、ネガティブ情報も開示するカスタマー・レビューなど、顧客第一主義を掲げて成長を続け、1997年にはIPOを果たす。

創業当初はできるだけ在庫を持たない方針を取っていたが、IPO後に方針を転換する。巨大な物流倉庫を持つことで、出版社への取次ぎを経ずに迅速な配達システムを構築していった。ここからアマゾンは、いかに効率的かつ迅速に商品を配送するか、という物流機能に対してヒト・モノ（技術）・カネを積極的に投資していくこととなる。これは、一般の企業とは正反対の戦略である。一般的に、物流の最適管理を目指すサプライチェーン・マネジメントでは、いかに売上高に占める物流コストを下げるか、に焦点が当てられる。その成果として、日本企業における物流コスト比率は2017年で4.64%と、1970年代の10%から半減された。それに対してアマゾンは、2016年においても、実に13%を物流投資に割いている。倉庫管理におけるITやロボットの活用に加えて、ビジネススクールで経営学を学んだMBA取得者を倉庫管理者に就かせ、経営・システムに精通した優秀な人材に物流を任せている。アマゾンは、長年の投資に裏付けされた世界最強の物流企業として、成長を続けている。この物流機能を背景の1つとして、1996年からの4年間で、従業員を151名から7,600名に急激に増やし、売上は510万ドルから16.4億ドルへ、300倍以上に劇的な増加を実現した。

1998年からはCD、DVDなど書籍以外へと取り扱うカテゴリーの拡張を進めていった。またイギリス、ドイツにサイトを開設するなど、海外展開も本格化した時期となる。そして、キッチン用品、おもちゃ、アパレル、アウトドア用品、工具、そして食料品に至るまでを取り扱う世界最大のECサイトへ成長していくこととなる。

2005年に始めた、年会費制で各種サービスが使い放題となるAmazon Primeが、更なる成長エンジンとなった。お急ぎ配送のプライム便、音楽聞き放題のPrime Music、映画見放題のPrime Videoなどが利用できるAmazon Primeには、すでに世界で1億人以上が加入している。加えて、ボタンを押すだけで商品を購入できるAmazon Dash Button、キャッシュレスかつ無人の店舗のAmazon Goなど、ネットとリアルを融合した、新しいモノの買い方までを創造し始めている。そしてグーグルに先駆けて、AI「Alexa」を搭載したAmazon Echoによって、アマゾンも現実世界の各所にビジネス領域を拡大・拡散させていっている。

このGAFAというメガ・ベンチャー4社に、マイクロソフトを加えた5社は「GAFAM」や「BIG 5」と呼ばれ、世界時価総額ランキングのトップ5を独占する巨人である。このネット・ビジネスを席巻し、リアルにまで領域を広げていく巨人が強大であるあまり、巨人と敵対するような新興勢力はどんどんと減ってきている。敵対するには巨大すぎ、対抗するのは得策でなく、早期に友好関係を結ぶ。これがベンチャー企業にとって、当たり前になりつつある。そのため、有望なベンチャーは早い段階で巨人たちに買収されることを選び、巨人の庭で育てられ、巨人がさらに強大となる成長源になっていく。

GAFAはそれぞれの買収戦略に基づき、M&Aを加速させている[7)]。2011年から2014年を切り出してみると、グーグルは、Motorola Mobility（モトローラ・モビリティ）社やNest（ネスト）社といったハードウェア関連企業を中心に計82社を買収している。アップルは、Beats Electronics（ビーツ・エレクトロニクス）社やAnobit（アノビット）社など、ソフトウェア関連企業を主として、計26社を買収。フェイスブックは、Instagram（インスタグラム）社やWhatsApp（ワッツアップ）社のSNS系を中心に、計35社を買収。そしてアマゾンは、Twitch（トウィッチ）社やゲーム開発スタジオのDouble Helix（ダブル・ヘリックス）社をはじめとするゲーム系など計18社を買収した。有力ベンチャーは、早い段階で巨人たちのネットワークに吸収され、巨人の新規事業となったり、巨人の既存事業の発展材料となったりして、巨人をさらに大きくしていく。そして、成長を続ける巨人は、さらに買収を進めて、自身の庭をより大きなものへ広げている。巨人にとっての好循環は、加速の一途をたどっている。

巨人の傘下に入らずに独自の成長を続けるプレーヤーには、オークションのeBay（イーベイ）社、ライドシェアのUber（ウーバー）社、民泊のAirbnb（エアービーアンドビー）社、VOD（Video On Demand）のNetflix（ネットフリックス）社、シェアオフィスのWeWork（ウィーワーク）社などがあげられる。これらは、それぞれのカテゴリーにおいて「キング」と呼ばれるほどの成長を見せるメガ・ベンチャーたちだが、それでも未だGAFAに匹敵するには小振りである。AI（Artificial Intelligence／人工知能）技術はまだしも、ハードとの連携を要するIoT（Internet of Things／モノのインターネット）、ロボット、自動運転、AR（Augmented Reality／拡張現実）、VR（Virtual Reality／仮想現実）といった領域では、資金面・技術面で巨人に頼らざるを得ない状況となっており、今後巨人の庭はさらに拡大していくだろう[8]。

2 巨人が続々と立ち上がる中国

続いて、中国のメガ・ベンチャー群を見ていこう。その前提として、直近における中国の2つの動きを押さえておきたい。1つは、中国ではかつてない起業ブームが広がっている点だ。中国では、2014年に李克強総理によって「大衆創業、万衆創新（大衆による起業、万人によるイノベーション）」が提唱され、起業の妨げとなる制度の是正、減税、資金調達支援、起業拠点づくりなど、起業を推奨する政策が強力に展開されている[9]。これまでにも起業を促進させる政策は行われてきていたが、多くは海外留学帰国者などの一部の層を対象としたものとなっていた。それを「大衆創業」と対象を広げて、中国全土に起業のムーブメントを創り出していっている。

もう1つは、世界の企業が中国にR&D（研究開発）拠点を設けてきている点だ。これまで中国は、世界の製造業の生産拠点が集積していったことから「世界の工場」と呼ばれてきたが、これからは「世界のR&D拠点」と呼ばれていくだろう。例えば、都市単位でエコや省・創・蓄エネルギーを進めるスマートシティの取り組みは、世界各地で進められており、2018年時点のスマートシティ関連ビジネスは、世界で8兆円を超える市場となっている[10)]。今後さらに成長を加速させ、2021年には14兆円を超えると予測される巨大市場だ。このスマートシティ市場においても、世界の2強はアメリカと中国で、アメリカが2兆3,000億円、中国が2兆2,000億円の市場規模である。

中国におけるスマートシティのプロジェクト数は200とも500とも言われるが、中でも有名なものが「中新天津エコシティ」である。2020年までに、再生可能エネルギー比率20%以上、ゴミ回収利用率60%以上、人口35万人の新都市を天津郊外に創る目標を掲げている。このプロジェクトは中国政府とシンガポール政府が提携して進めており、アメリカや日本からも多くの企業が参加している。環境汚染の進む中国にあって、このエコシティでは木々の植樹が進められ、水質浄化された湖から都市内への水が供給され、ゴミの真空輸送が行われている。域内の3つのテーマパークは年間300万人を超える来訪者を集め、アメリカのLEED[11)]に類似する省エネ基準に基づくマンションが立ち並び、スマートシティを形成していっている。ここは世界の企業にとって環境エネルギー技術のR&D拠点であり、世界への見本市でもある。R&D拠点を設け、先進的な取り組みを行っていくうえで、規制や経済状況、地理的スペースといった条件が整っている場所が、中国ということである。スマートシティだけでなく、自動運転、店舗無人化などのR&D、テストマーケティングが活発に進められる先進的な地域となっていっている。

こうした、過去の中国のイメージから数歩先に進んでいる「現在の中国」では、バイドゥ（百度）、アリババ（阿里巴巴）、テンセント（騰訊）の頭文字を組み合わせたBATが、新しいビジネスの主役となっている。バイドゥは検索エンジン「百度（バイドゥ）」、アリババはEC「淘宝（タオバオ）」と「天猫（Tモール）」、テンセントはSNS「微信（WeChat）」をメイン事業としており、いずれも中国のライフスタイルに深く浸透している。それぞれについて詳しく紹介しよう。

「B」のバイドゥは、李彦宏（リ・ゲンコウ／英語名Robin Li ロビン・リー）が2000年に31歳で創業した[12)]。ロビン・リーは、北京大学卒業後にニューヨーク州立大学大学院でコンピューターサイエンスを学んだのち、ウォール・ストリート・ジャーナル社の金融ニュースの検索システム担当を経て、シリコンバレーのInfoseek（インフォシーク）社にエンジニアとして入社する。その後、シリコンバレーのVC（Venture Capital）から120万ドルの融資を獲得して中国に帰国、北京で立ち上げたのがバイドゥだ。検索エンジンの技術力と中国市場への特化を強みとして、急成長を遂げていった。

2005年にはアメリカのナスダックにIPOを果たし、公開価格27ドルに対し終値は122ドル強まで上昇し、当時の上場初日における株価上昇率の新記録となった。MAU（月間アクティブユーザー）は約4.4億人、平均検索回数は1日当たり約25億回を誇り、中国市場で約7割のシェアを占める検索エンジン「百度」を中核として、アンドロイド・アプリストアの「百度応用（バイドゥ・インヨン）」、オンライン百科事典の「百度百科（バイドゥ・バイク）」、地図サービスの「百度地図（バイドゥ・ディトゥ）」、そして動画配信サービスの「愛奇藝(アイチーイー)」など、幅広いオンライン・サービスを展開して成長を続けている。

次に、「A」のアリババである[13]。アリババは、馬雲(マー・ユン／英語名Jack Ma ジャック・マー)が1999年に34歳で創業した。ジャック・マーは杭州師範大学卒業後、杭州電子科技大学で英語教師をしていた。その間、副業として翻訳会社を共同設立したり、薬を販売したりしていたが、1995年、アメリカの友人宅で見たインターネットに刺激を受け、帰国後に中国初のインターネット会社として中国黄頁(チャイナページ)を設立する。外国の顧客を探す中国企業のための情報サイトだが、翌年には国から杭州テレコム社と合弁事業を設立するよう圧力を受け、政府に事業を掌握されてしまう。その後、北京の中国商務部のインターネット広告機関での勤務を経て、1999年に友人らと自宅の一室で立ち上げたのがアリババだった。

企業同士が製品をオンライン取引できるB2B[14]プラットフォーム「Alibaba.com」から始まり、2003年には消費者同士が取引するC2Cの「淘宝(タオバオ)」を開設。店舗料や登録料、成約報酬などを取らずに、最初の数年はユーザーに無料開放することで、一気に顧客を獲得し、シェアを奪った。2004年には、ネット・ビジネスへの信頼性を高めるため、いち早く自社のオンライン決済サービス「支付宝(Alipay)」を始めた。また、2008年からタオバオ内にB2Cのオンライン・ショッピングモールを立ち上げ、これをのちに「天猫(Tモール)」として独立させた。タオバオ、TモールはそれぞれC2C、B2CのECサイトとして取引額、ユーザー数ともに中国最大のプラットフォームとなっている。

2014年には、ナスダックに過去最高額となる250億ドルでIPOを果たす。顧客にビジネスの場を提供するプラットフォーマーとして、提供サービスのAUは6億人を超えている。中国では11月11日を、独身者が

1人でオンライン・ショッピングを楽しむ「シングル・デー」と呼び、オンライン・ショッピングの日として各社が一大セールを開催する習慣が定着している。2016年のシングル・デーには、1日だけで、タオバオ、Tモールを合わせて4億6,700万件の取引が行われ、総取引高は約1兆7,600億円を記録した。さらに、近年では実店舗や海外ビジネスを、積極的な買収戦略とともに進めている。

また、中国国内から海外商品を直接購入できる越境ECは海淘（ハイタオ）と呼ばれ、消費者は偽物や並行輸入品を避けて購入でき、出店する海外企業は中国の現地法人や現地口座が不要のため、両者から受け入れられ、成長が著しい分野となっている。アリババは、2014年から越境EC「天猫国際（Tモール・グローバル）」をスタートさせ、国内2位のシェア20%を獲得して、成長を続けている。

そして「T」が、中国の時価総額ランキングトップにして、世界でも第9位に位置するテンセントだ[15)]。テンセントは、馬化騰（マ・ファーテン／英語名Pony Ma ポニー・マー）が1998年に26歳で創業した。ポニー・マーは、深圳大学卒業後に、深圳のIT企業でソフトウェア開発のSE（システム・エンジニア）として勤務したのち、1998年に大学の友人らと起業した。1999年にインスタント・メッセンジャー・サービスの「QQ」をリリースした。QQは、2000年代における中国でのPCを通じたコミュニケーション・ツールとして広く浸透していった。2004年には香港にてIPOを果たし、その後はゲームの開発・販売に力を入れていく。2011年からは「微信（WeChat）」の提供を開始した。このWeChatは中国で最も利用者数の多いSNSとなっており、登録アカウント数11億人、MAUは6.5億人を突破している。

テンセントは、SNSでの広告収入に加えて、アプリ・ゲームの課金で莫大な売上をあげている。ゲーム「Honor of Kings」は人気沸騰のあまり中国政府が「毒」と呼んだほどで、テンセントは世界最大のゲーム会社でもある。また、SNS「騰訊微博（テンセント・ウェイボー）」、検索エンジン「捜捜（ソウソウ）」、タクシー配車アプリの「滴滴（ディディ）」などの幅広いサービスを展開している。配車サービスに関しては、自社のディディ・ダーチェ（滴滴打車）が2015年にアリババ傘下の「クァイディ・ダーチェ（快的打車）」と合併し、ディディ・チューシン（滴滴出行）へと改名していっている。

また、アリババの支付宝（Alipay）に対抗する形で「微信支付（WeChat Pay）」の展開も進められている。2014年時点での決済額ベースのモバイル決済市場のシェアは、Alipayが79％を占めていたが、2016年になるとアリババは50％に低下し、WeChat Payが38％と追い上げている。WeChatの圧倒的なユーザー数を強みとして、利用ユーザー数ではWeChat PayがAlipayの2倍以上となる8.3億人に達しており、苛烈なユーザー獲得競争が行われている。

中国の春節の時期にはお年玉として紅包（ホンバオ）を送り合う風習があるが、これもWeChat Payが利用されるようになってきている。2014年の春節に始められた「微信紅包」は、グループ宛てに送った金額をメンバー間で分け合うサービスで、大流行している。2016年の春節には、実に88億件もの紅包がWeChat Pay上で送り合われた。送る側も送られる側も、WeChat Payを利用することが当たり前になっている証拠である。

このBATの3社に加えて、中国ではAI（After Internet）型メガ・ベンチャーの巨人が続々と立ち上がってきている。2017年の中国における上場企業トップ300社の時価総額の合計は約850兆円に達しており、日本のトップ300の約557兆円を大きく上回る[16]。BATという特別な数社が出てきたのではなく、中国経済には新たな巨人がどんどんと出てきているのである。

中国科学技術部によると、2017年時点の中国のユニコーンは、前年の131社から33社増加し、164社だという[17]。設立10年以上となったり、企業価値が低下したり、エグジット（Exit／出口）を果たしたりして、ユニコーンではなくなった企業が29社あった一方で、62社が新たにユニコーンに仲間入りした。その中にはアリババ・グループのFintech企業のアント・フィナンシャル社やアリババ・クラウド社といったBATグループのユニコーンも含まれるが、新たな巨人たちも大勢出てきている。

1998年創業で、2014年にナスダックへ上場した、中国国内EC第2位のジンドン（京東）社は、テンセントの出資を背景としながら、ECトップのアリババに対抗している。1997年に創業したネットイース（NetEase／NTES）社はテンセントに次ぐ中国第2位のゲーム会社であり、2015年から始めた越境EC「Kaola（カオラ）」では、アリババのTモール・グローバルを上回るトップシェアを獲得している。「中国のスティーブ・ジョブズ」と呼ばれる雷軍（レイ・ジュン）が2010年に創業したシャオミ（小米科技）社は、スマートフォンをはじめとした総合家電メーカーとして成長を遂げ、2018年中のIPOが予測されている。2012年創業のバイトダンス（字節跳動）社は、BATからの出資を受けずに、中国最大のニュースアプリ「Toutiao（今日頭条）」、中国で大流行している動画投稿アプリ「Tik Tok（抖音／ドウイン）などのコンテンツ・プラットフォームを運営しており、AUは2億人に達し、ウーバーを追い抜く勢いと目されている。さらに、アップル、サムスンに次ぐ世界第3位のスマホメーカーに躍進するファーウェイ（華為技術）、2006年創業のドローン世界最大手のDJI（大疆創新科技）もいる[18]。

BATからの投資を成長の起爆剤とするメガ・ベンチャーが多い点は、

アメリカと同傾向だが、BAT3強の時代から、新たなプレーヤーが乱立する戦国時代へと中国はさらに動きつつある。中国の巨人が立ち上がる規模とスピードは、シリコンバレー以上のものとなってきている[19]。

3 巨人が現れない BI型の日本

アメリカや中国では、メガ・ベンチャーの巨人たちがビジネスの主役となって、経済全体を押し上げていっている。こうしたメガ・ベンチャーの大半は、IT系あるいはネット・ビジネスと呼ばれるような、インターネット普及以後に誕生したAI（After Internet）型の企業である。AI型に対して、インターネット普及以前からあるビジネスや企業はBI（Before Internet）型と呼ばれる[20]。ネット業界に限らず、世界のビジネスの中心は、AI型メガ・ベンチャーの座席となってきている。一方で、日本は未だにBI型の大企業の覇権が揺るがない、世界から見ると特殊なビジネス環境である。世界と比較して明らかになる、日本の特殊性について考えてみよう。

アメリカを筆頭として、世界はAI型のビジネスに軸足を移している。直近の10年間を切り出してみると、いかに劇的にプレーヤーが変わってきているかがわかる[21]。2007年5月の世界時価総額ランキングを見てみると、トップは石油メジャー最大手の総合エネルギー企業のエクソンモービル（アメリカ）。2位から10位は、GE（アメリカ）、マイクロソフト（アメリカ）、シティグループ（アメリカ）、ペトロチャイナ（中国石油天然気）（中国）、AT&T（アメリカ）、ロイヤル・ダッチ・シェル（イギリス・オランダ）、バンク・オブ・アメリカ（アメリカ）、中国工商銀行（中国）、そしてトヨタ自動車（日本）と続く。エネルギー、金融、そしてモノづくりがトップ10に軒を連ねるなか、AI型と呼べるのはマイクロソフトのわずか1社だった。

10年後の2017年5月になると、様相は一変する。トップから、アップル、アルファベット（グーグル）、マイクロソフト、アマゾン、フェイスブック、バークシー・ハサウェイ、ジョンソン・アンド・ジョンソン、エクソンモービルと、上位8社にアメリカの企業が立ち並び、なおかつ上位5社はAI型のメガ・ベンチャーが独占している。9位のテンセント（騰訊）、10位のアリババ（阿里巴巴）という中国2社も合わせれば、トップ10のうち実に7社がAI型メガ・ベンチャーに入れ替わった。なお、日本企業のトップはトヨタ自動車で変わらず、しかし順位は2007年の10位から40位前後へ大きく後退している。世界時価総額トップ10のうち、7社がIT関連のAI型メガ・ベンチャーであるという事実は、世界のビジネスの主導権が新たなプレーヤーたちの手に移行したことを如実に表している。価値を生み出す源泉は、かつてはエネルギー、金融、そして「モノづくり」だった。それが現在では、ソフトウェア、ネット・ビジネスといった産業による「コトづくり」へと移っている。

中国は、後述する日本と同様に、かつては昔ながらの大企業や国営企業が強いビジネス環境だった。しかし、この10年におけるAI型メガ・ベンチャー群の躍進によってビジネス環境は大きく変わり、世界における中国経済の立ち位置を押し上げる原動力にまでなっている。中国における上場企業時価総額ランキングを見てみると、国営企業が支配的な強さを誇っていた環境に、AI型メガ・ベンチャーが続々と切り込んでいっている[22]。2008年時点では、上位25社のうち民間企業は11位のレノボだけで、他の24社はすべて国営企業だったが、2017年には1位 テンセント、2位 アリババが一気に現れる。ほかにも、17位 バイドゥ（百度）、

25位 ジンドン（京東）と、民間のAI型メガ・ベンチャーの存在は大きくなってきており、中国のビジネス環境は大きな変革の時を迎えている。

こうした世界の動きに対して、日本は相反する潮流にいる。直近20年間を切り出してみても、時価総額ランキングのトップ10に登場してきたAI型メガ・ベンチャーはわずか1社、ソフトバンクだけである[23]。1996年12月時点の日本の時価総額ランキングは、トップがNTT（日本電信電話）である。続いて、トヨタ自動車、東京三菱銀行、住友銀行、第一勧業銀行、富士銀行、日本興業銀行、三和銀行、松下電器産業、野村證券と並ぶ。銀行をはじめとする金融、そしてモノづくりが強く、当時の優秀な人材はこの2分野に集まっていた。約20年後の2017年10月には、トップはトヨタ自動車、続いてNTT、ソフトバンク、三菱UFJ銀行、NTTドコモ、KDDI、JT、キーエンス、ゆうちょ銀行、任天堂となっている。統廃合を進めながらも銀行は残っており、民営化された元国営企業が相変わらずに立ち並ぶ。金融、モノづくり、あるいは通信に関わる元国営企業といったBI型が主役であり続けているなか、時価総額を約17倍に跳ね上げたソフトバンクが、一矢を報いている形である。

ここでは単純に、BI型であり続けることが是か非かと言うよりも、日本が10年、20年、あるいはそれ以上にわたって主要プレーヤーが変化していないビジネス環境であることを問題視したい。主要プレーヤーが変化せずに、新たな主役級のプレーヤーがほとんど出てきていない。この新陳代謝があまりに低いビジネス環境は、日本経済の停滞を導いている要因の1つとなっている。ビジネスや企業にはライフサイクルがあることを考えれば、20年以上にわたって活躍し続けるBI型の大企業群の存在は、「生き永らえる」という視点では注目に値する。しかし、日本のトップであるトヨタ自動車は、世界では40位程度に留まるという事実は、世界の発展・成長から日本が後れを取っていることに他ならない。成長の対極にあるものは、不変である。

こうした日本の現状を打破するために、メガ・ベンチャーにまで化けるベンチャー企業の出現が望まれている。国をあげて、メガ・ベンチャーの育成、輩出が取り組まれている。例えば、経済産業省ではグローバル・メガ・ベンチャーの輩出を目的に掲げ、「J-Startup」プログラムを開始している[24]。数多くある新興企業の中から、選抜と集中支援によって、有力なベンチャー企業の成長拡大を狙うものである。有識者の推薦に基づき、有望なベンチャー企業をJ-Startup企業として、大企業、VC（Venture Capital）、アクセラレーターなどで構成されるJ-Startup Supportersによる支援を集め、海外展開も含めて、官民が連携していく取り組みに力が入れられている。

また、集積地の形成に向けた取り組みも動いてきている。日本でもシリコンバレーに倣って、「Bit Valley（ビット・バレー）」と称して、渋谷にベンチャーや起業志望者が集まる動きが起きていたが、オフィスの賃料高騰やスペース不足によって、企業規模が大きくなると他地域に分散していくようになってしまっていた。渋谷では100年に一度と言われる大規模再開発が進められており、イノベーターやクリエイティブ層が集まる地域に向けて、オフィス・スペースを約27万㎡増加させ、IT、アパレル、エンターテインメント、ライフタイル関連の企業による新たな集積の形成が見込まれている[25]。

大学においても、起業に関する講座が増加し、新興企業を支援するインキュベーション施設の運営が積極的に行われるようになっている。「大学発ベンチャー」の数は、1995年の112社から、2015年には1,773社へと20年間で16倍にまで増え[26]、そして2017年には2,093社となっている。大学別には、国立大学からの輩出が目立っており、トップから東京大学245社、京都大学140社、筑波大学98社、大阪大学93社、九州大学81社と続き、私立大学は6番目に早稲田大学74社が出てくる状況である[27]。

第2章で見てきたVC、CVC（Corporate Venture Capital）の活性化と合わせて、日本では産官学のさまざまな側面からベンチャーの輩出・育成が奨励されてきており、なかでも産業の主役となるようなメガ・ベンチャーの登場が待ち望まれている。そして、産官学での取り組みが活発化し、ベンチャー企業の数や存在が大きくなるにつれて、ひとりひとりの「起業」や「ベンチャー」に対する見方・価値観も変わってきつつある。アメリカや中国から大きく遅れながらも、日本におけるベンチャーの生態系は、現在進行形で形作られてきている。

註

1 ——プラットフォーム（戦略）については、第11章にて詳しく後述。

2 ——ビーム（2014）、佐々木（2017）、BUSINESS INSIDER JAPAN「グーグルの生みの親、ラリー・ペイジの華麗なる半生」、および日経×TECH「【電子産業史】1998年：Google社誕生」、および東洋経済ONLINE「グーグル成長の立役者「アンドロイド」の功罪」を参照。（https://www.businessinsider.jp/post-100686）、（http://tech.nikkeibp.co.jp/dm/article/COLUMN/20080807/156221/）、（https://toyokeizai.net/articles/-/224412）

3 ——CNET JAPAN「世界を変えたアップルイノベーションの歴史―すべてはここから始まった」、co-media「スティーブジョブズは学生時代、一体何を考え、何をしていたのか。」、iPhone Mania「Apple Musicの会員数が3,800万人に到達〜1カ月で200万人増」、日経×TECH「【電子産業史】2003年：iPodとiTMS」、Forbes JAPAN「iPhone、10年間で「12億台」を販売　売上は83兆円」、および日本経済新聞「米アップル、サービス事業が急成長　iPhoneに次ぐ柱」参照。（https://japan.cnet.com/article/35007296/）、（http://www.co-media.jp/article/9119）、（https://iphone-mania.jp/news-205746/）、（http://tech.nikkeibp.co.jp/dm/article/COLUMN/20080807/156227/）、（https://forbesjapan.com/articles/detail/16778）、（https://www.nikkei.com/article/DGXMZO19770650Y7A800C1000000/）

4 ——CNET JAPAN「Facebookはどのように始まったのか—米国の大学カルチャーと創業者たち」、日本経済新聞「フェイスブック、ユーザー数20億人に到達」・「フェイスブック上場、初値42ドル　時価総額9.1兆円」、ダイヤモンド・オンライン「フェイスブックを世界最大のSNSに急成長させた10の秘訣」、およびREUTERS「焦点：米フェイスブックが猛スピードで超大型株に、IPO失敗から復活」を参照。(https://japan.cnet.com/article/20425059/)、(https://www.nikkei.com/article/DGXMZO18210150Y7A620C1000000/)、(https://www.nikkei.com/article/DGXNASGM1803B_Y2A510C1MM8000/)、(https://diamond.jp/articles/-/134610)、(https://jp.reuters.com/article/usa-facebook-markets-idJPKBN0FU08V20140725)

5 ——アイビーリーグ(Ivy League)とは、アメリカ東海岸に位置するブラウン大学、コロンビア大学、コーネル大学、ダートマス大学、ハーバード大学、ペンシルベニア大学、プリンストン大学、イェール大学の8大学を指す。

6 ——ブラント(2012)、佐々木(2017)、BUSINESS INSIDER JAPAN「"再び"世界一のお金持ちに！ アマゾンCEOジェフ・ベゾスの華麗なる半生」、東洋経済ONLINE「アマゾン、最強「買い物帝国」の知られざる姿」、およびダイヤモンド・オンライン「アマゾンと日本企業の物流には「大学生と小学生」の差がある」を参照。(https://www.businessinsider.jp/post-33628)、(https://toyokeizai.net/articles/-/107279)、(https://diamond.jp/articles/dol-creditcard/155265?page=2)

7 ——Social Media Lab「Google、Apple、Facebook、Amazonの買収戦略から見える現在と未来」を参照。(https://gaiax-socialmedialab.jp/post-26548/)

8 ——佐々木(2017)を参照。

9 ——藤田(2017)を参照。

10 ——徐(2014)、DIGITAL X「スマートシティ関連の世界市場規模は2021年に14兆円超に、米IDC調査」、および株式会社日本総合研究所「中国天津の次世代都市開発」を参照。(https://dcross.impress.co.jp/docs/news/000421.html)、(https://www.jri.co.jp/page.jsp?id=31744)

11 ——LEED(Leadership in Energy & Environmental Design)は、アメリカのグリーンビルディング協会による認証基準を指す。

12 ——ダイヤモンド・オンライン「中国検索最大手Baidu(百度)の李彦宏 会長兼CEOが語る成長の軌跡と10年後への布石」とHUAWEI「中国3大インターネット企業BATのサービス」を参照。(https://diamond.jp/articles/dol-creditcard/9324)、(http://www.huawei.com/jp/about-huawei/publications/huawave/21/hw-474833-hw_474803-449577-449579-hw_474808)

13 ——リーブズ・曽・ベンジャラ(2015)、事業構想PROJECT DESIGN ONLINE「Alibaba創業者、ジャック・マー「あきらめることが、最大の失敗」」、中国マーケティング情報サイト「シェア率の高い2つの越境ECサイトの特色は？」、Wedge Infinity「「数学1点」劣等生から奮起 アリババ・馬雲」、COURRIER JAPAN「薄給の英語教師から世界的企業「アリババ」のCEOになったジャック・マーはいかにして成功を掴んだのか」、およびHUAWEI「中国3大インターネット企業BATのサービス」を参照。(https://www.projectdesign.jp/201604/wpd/002802.php)、(http://china-marketing.jp/article/detail61/)、(http://wedge.ismedia.jp/articles/-/3813)、(https://courrier.jp/news/archives/6070/)、(http://www.huawei.com/jp/about-huawei/publications/huawave/21/hw-474833-hw_474803-449577-449579-hw_474808)

14 ――B2BはBusiness to Businessで企業間取引、C2CはConsumer to Consumerで消費者間取引、B2CはBusiness to Consumerで企業対消費者の取引を指す。

15 ――BUSINESS INSIDER JAPAN「ジャックを超えた「ポニー」―中国の長者番付に動き、その正体とは」、MONEY PLUS「知られざるアジアNo.1企業「テンセント」の強さを探る」、groo「テンセントのポニーマー(馬化腾)が語る微信(WeChat)誕生時の葛藤と本質(前編)」およびHUAWEI「中国3大インターネット企業BATのサービス」を参照。(https://www.businessinsider.jp/post-100741)、(https://moneyforward.com/media/career/30536/)、(http://groo-inc.com/pony-talk1)、(http://www.huawei.com/jp/about-huawei/publications/huawave/21/hw-474833-hw_474803-449577-449579-hw_474808)

16 ――Glo Tech Trends「中国上場企業の時価総額トップ300!中国時価総額トップ300企業の合計時価総額でも既に日本の1.5倍規模へ」を参照。(https://glotechtrends.com/2017-china-listed-company-ranking-180111/)

17 ――BUSINESS INSIDER JAPAN「驚きの「中国ユニコーン企業」は164社、62社が"新顔"―政府2017年報告を読み解く」を参照。中国のユニコーンの数が第1章の数値とかけ離れているが、発表内容の正確性や、資金調達情報の正確性、時価総額の算出方法などによってユニコーンの数が乖離しているものと考えられる。(https://www.businessinsider.jp/post-165094)

18 ――ZUU online「2018年上場?注目の中国ユニコーン6社　シャオミ、滴滴出行など」、Beyond「日本人が知らない、中国「最強のユニコーン企業」10社とは」、アメリカ部「ネットイース【NTES】中国2位のゲーム会社が中国の越境ECに参入しシェア1位になった件」、およびBUSINESS INSIDER JAPAN「驚きの「中国ユニコーン企業」は164社、62社が"新顔"―政府2017年報告を読み解く」を参照。(https://zuuonline.com/archives/183025)、(https://boxil.jp/beyond/a3663/)、(https://www.americabu.com/netease)、(https://www.businessinsider.jp/post-165094)

19 ――BUSINESS INSIDER JAPAN「創業5年で企業価値1兆円!中国メガ・ベンチャーが「日本企業を爆買い」する日」を参照。(https://www.businessinsider.jp/post-34115)

20 ――academyhills「伊藤穰一:逸脱からはじまる「学び」の実践　第1章　生涯学び続ける時代がやってきた」を参照。(https://www.academyhills.com/note/opinion/13071901mitjoi.html)

21 ――ニュースイッチ「世界の時価総額トップ10、今と10年前から見えてくる「製造業大変革」」を参照。(https://newswitch.jp/p/12025?key=6fbcc3ce3f65b647deed9b9

e489b584e)

22――Glo Tech Trends「中国上場企業の時価総額トップ300！中国時価総額トップ300企業の合計時価総額でも既に日本の1.5倍規模へ」を参照。(https://glotechtrends.com/2017-china-listed-company-ranking-180111/)

23――日本経済新聞「時価総額上位、21年で様変わり　ソフトバンクは17倍」を参照。(https://www.nikkei.com/article/DGXMZO22125850R11C17A0EN2000/)

24――経済産業省「世界で戦い、勝てるスタートアップ企業を生み出す新たなプログラムをスタートします！（「J-Startup」プログラム)」、「J-STARTUP」を参照。(http://www.meti.go.jp/press/2018/06/20180611003/20180611003.html)、(https://www.j-startup.go.jp/index.html)

25――Real Sound「渋谷再開発で「ビットバレー」はどう復興するか？東急電鉄担当者に聞く」を参照。(http://realsound.jp/tech/2018/03/post-169499.html)

26――日本経済新聞「Data Discovery ベンチャーブーム再び？日本の「起業力」を解剖」を参照。(https://vdata.nikkei.com/datadiscovery/18startb/)

27――経済産業省「2017年度大学発ベンチャー調査 調査結果概要」を参照。(http://www.meti.go.jp/press/2017/03/20180309007/20180309007-1.pdf)

II

What is "INNOVATION"?

☑ Chap. 4 **Innovation & Marketing Insight**

☑ Chap. 5 **Future & Past**

☑ Chap. 6 **Sustainable Innovations Orientation**

Chapter 4

イノベーションとマーケティング・インサイト

Innovation & Marketing Insight

1 イノベーションの誤解から抜け出す

第Ⅱ部では、本書のもう1つの核となる「イノベーション」について、その実態を考えていこう。イノベーションという単語は、日常的に耳にする言葉だが、実は誤った認識を持たれがちな概念でもある。「イノベーション＝技術革新」という誤った図式が、イノベーションに対する多くの誤解の原因となっている。技術革新は、あくまでイノベーションの1つの側面にすぎない。まずは「Innovation」に対する正しい理解を共有するところから始めよう。

古典的かつ普遍的なイノベーションの定義は、「新規の、あるいは既存の、知識・資源・設備などの新しい結合」[1)]である。また、イノベーションを価値と革新という2つの側面から捉えた「社会に価値をもたらす革新」[2)]や、マーケティングの文脈における「新しいと知覚される財、サービス、アイデア」[3)]といった定義もある。これらの定義は、イノベーションに関する5つの誤解を解消してくれる（**図4-1**）。

図4-1▶ イノベーションの5つの誤解

誤解		実際
①「0 to 1」=イノベーション	⟸	「New Combinations」もイノベーション
②「新しい何か」=イノベーション	⟸	価値の普及と認知が不可欠
③ヒット=イノベーション	⟸	差別化と革新は異なる
④技術革新=イノベーション	⟸	技術に限定された概念ではない
⑤大きな革新=イノベーション	⟸	ビジネス・インパクトの大小を問わない

出典：筆者作成。

まず、0から1を生み出すような新技術、新素材、新製品、新サービスの発明だけがイノベーションになるのではない。新素材や新エネルギーといった「0 to 1」だけがイノベーションの形だとすれば、生み出すには膨大な時間とコストと運が必要であり、イノベーションは極めて稀な存在となってしまう。しかし、私たちはイノベーションに囲まれて日々の生活を送っている。スマートフォン、電子レンジ、新幹線をはじめ、私たちが日常的に利用している「便利」あるいは「当たり前」の多くは、イノベーションの成果である。それらの多くは、「0 to 1」に加えて、「New Combinations」(新結合)[4]によって生み出された革新、イノベーションである。すでに存在する知識や資源、設備をこれまでとは異なる新しい方法で組み合わせ、価値を生み出すことができれば、それはイノベーションである。むしろ、「New Combinations」によるイノベーションの方が一般的だと言える。

次に、新しい技術やアイデア、製品、サービスを生み出せば自動的にイノベーションになれるわけではない。「新しい何か」は、顧客や社会に広く普及し、価値として認知されて初めてイノベーションとなる。つまり、「これはイノベーションだ！」と独りよがりに、声高に叫んだとしても、その存在と価値が誰にも受け入れられなければ、価値ある革新とはならない。イノベーションとは名乗るものではなく、認められるものである。

また、広く普及してヒットしたからと言って、そのプロダクトが必ずしもイノベーションであるとは限らない。新しい色、デザイン、あるいは味や香りといった表面的な要素を少し変えただけの新商品は、たとえヒットしてもイノベーションとは呼ばれない。それは「差別化」である。イノベーションには、明らかに従来とは異なっていて新しい、という受け手の認識が必要となる。

イノベーションと聞くと、どうしても新技術で誕生した画期的な新製品を想像しがちだが、イノベーションは技術的な意味に限った概念ではない。カラオケというサービス、コンビニエンスストアという業態、そしてトヨタ生産方式という生産管理システムも、いずれもイノベーションである[5)]。また、新技術あるいは高度な技術力に基づく「新しい何か」も、普及に成功して初めてイノベーションとなることができる。つまり、普及に向けて活動を行う広告宣伝、営業、アフターサービス等のプレーヤーも、イノベーションの創出には欠かせない。技術・素材開発やものづくりに限定せず、すべての業界とプレーヤーが、イノベーションを自分事として認識すべきである。

そして、イノベーションは消費者の生活を一変させるような新製品、企業経営を大きく変えるような大事業、だけではない。イノベーションはビジネス・インパクトの大きさで決まるものではなく、大小を問わない。例えば、良品計画の「くらしの良品研究所」から、顧客の声に応じて生み出される商品は、小さく些細な、しかし新しい、イノベーションである[6)]。また、1つの国におけるイノベーションもあれば、グローバルなイノベーションにまで成長を遂げるプロダクトもある。

図4-1にまとめられた5つの誤解に注意しながら、ロボット掃除機というプロダクトを見てみよう。一般家庭における掃除機の普及率はほぼ100%で、家電メーカー各社は掃除機の製品開発に取り組み続けている。静音、省エネ、吸引力の強化と持続、空気清浄機能の追加、といった掃除機の改良と差別化に焦点が当てられてきた。そうしたなかで、2001年、スウェーデンのElectrolux（エレクトロラックス）社は世界初のロボット掃除機「TRILOBITE」を市場投入した。それから遅れること1年、2002年にはアメリカのiRobot（アイロボット）社の「ROOMBA（ルンバ）」、ドイツのKärcher（ケルヒャー）社の「RC3000」が後に続いた。日本の家電メーカー各社は、安全性の担保の観点から大きく出遅れることとなった。このロボット掃除機は、AI（Artificial Intelligence／人工知能）を搭載し、人の手を必要とせずに、自動で掃除を行ってくれる。省力、家事代行、あるいは高齢者や共働き世帯でも「毎日掃除」の実現、といった強みを持った革新的な製品である。

ただし発売当初は、各社とも掃除性能、自立走行、障害物認識といった機能が、顧客にとって十分に満足のいく水準にまで高められておらず、プロダクトの新奇性に比べて、性能が後れを取っている状態が続いた。そのため普及スピードは緩やかだったが、性能の改良、価格の低下によって、近年では急速に普及を拡大し始めている。

ロボット掃除機を発売する多くの家電メーカーの中でも、「実用的なロボットを作る」をミッションに1990年に設立されたロボットメーカーが、アイロボットだ。同社はルンバを市場投入し、業務用ロボットを展開する強みを製品改良に活用していった。ロボット掃除機のAIに地雷除去ロボット用のアルゴリズムを利用したり、2013年までに累計2億ドルの開発資金を投入したり、といった技術・資本の強みを発揮して、急速に製品改良を進めた[7]。こうした製品改良に加えて、販売戦略、ブランディングといったマーケティング戦略を背景に、ロボット掃除機市場でルンバは圧倒的なシェアを獲得し、現在ではロボット掃除機の代名詞にまでなっている。

主要市場を北米に持つルンバの世界販売台数は2017年に2,000万台を突破し[8)]、日本においても販売台数は200万台を超えている。2017年時点で、世界のロボット掃除機市場の成長率は30%を超えており[9)]、日本における普及率はまだ約4%にすぎないが、スマートホームの進展・普及の流れに乗って、普及率10%への早期拡大が見込まれている[10)]。住居の広さという点で、北米市場と類似する消費者が、北米以上の人口で存在する中国市場の本格的な開拓はこれからであり、ロボット掃除機の普及拡大は世界で加速度的に進んでいくと予測される。

ロボット掃除機という革新の中心的な担い手がアイロボット社のルンバであることは、疑いようがない。このルンバは、機能・仕組みのすべてが「0 to 1」というわけではなく、既存の掃除機機能と、既存のアルゴリズムを、新たな利用方法と組み合わせた製品である（**図4-1**の①）。そして、「新しい何か」として真っ先に市場に出たエレクトロラックス社のTRILOBITEと比べて、後発製品だった（②）。従来の掃除機の製品改良・差別化とは明確に異なり、ロボット掃除機という新カテゴリー、新市場を創り出す革新的な製品として普及を進めている（③）。また、高い技術力によって誕生した製品だが、技術力だけでイノベーションとなったわけではない。その普及拡大にはマーケティング戦略は不可欠なものだった（④）。ただし、例えば新エネルギーの創出と比べれば、ロボット掃除機のビジネス・インパクトは小さいものかもしれない（⑤）。

2 手段〈マーケティング〉と目的〈イノベーション〉

新しい技術、アイデア、デザイン、機能、サービス、ビジネスモデル、あるいは新たな組み合わせといった「新しい何か」は、価値として認められ、普及して社会に価値を行き届かせることでイノベーションとなる。つまり、「新しい何か」を価値として、対価を請求できるビジネスとして普及させることが実現できて初めて、「新しい何か」はイノベーションとして認められる。ここで、価値を説得して回り、ビジネスとして普及させる仕組みを作る役目を担うのが、マーケティングである。「新しい何か」は、マーケティングによってイノベーションとなる（図4-2）。言い換えれば、イノベーションを生み出すためにマーケティングという手段は欠かせない。

本書では、イノベーションに関するさまざまなトピックスを取り扱っていくが、その随所にマーケティングは顔を出す。イノベーションを生み出すために、そして生み出し続けるためには、マーケティングが不可欠だからだ。そのため、少し足を止めて「Marketing」という概念について共通理解を形成しておこう。

そもそもマーケティングという概念について、学生はもちろん、ビジネスマン、経営者も、正確に把握できている者は少ないだろう。なぜなら、示す内容が多義的で、流動的だから、致し方ないことである。「いかに欧米で流行していて、日本の市場でもヒットしそうなものを見つけるか」も、「いかに効果的かつ効率的に提案営業するか」も、「キャッチーで記憶に残り、魅力を発信するコミュニケーションを展開するか」や「違い、新しさ、価値のある新製品を継続的に短サイクルで生み出す

図4-2▶ イノベーションとマーケティングの関係

Something New	×	Marketing	＝	Innovation
新しい何か		普及させる仕組み		革新
新しい技術、アイデア、デザイン、機能、サービス、ビジネスモデル、新たな組み合わせ等		製品、サービス、ビジネスとして		

出典：筆者作成。

か」も、これらすべてがマーケティングに含まれる。いずれも、マーケティングという概念の中にある一要素である。便利な言葉である反面、経営や経済と違って「Marketing」を指し示す日本語が存在していないことは、言い表すことの難しさの表れでもあるだろう。

マーケティングという概念の定義は数多く存在している。網羅的な定義としては、「顧客、依頼人、パートナー、社会全体にとって価値のある提供物を創造、伝達、配達、交換するための活動であり、一連の制度、そしてプロセス」[11]がある。よりかみ砕いた定義には、「顧客が求める価値を創造し、顧客と強固な関係を築き、その見返りとして顧客から価値を得るプロセス」[12]や「ニーズに応えて利益を上げること」[13]といったものがあげられる。

これらの定義を見てみると、「ニーズ」、「価値」、「関係」の3つがキーワードとなっていることがわかる。それぞれ、ニーズの探索・発見・創出、価値の創造・伝達、関係の構築・深化と言葉を補うと理解しやすいだろう。この3つのキーワードを意識したうえで、マーケティングの本質とは「説得の実現」にあることを共通理解としたい。売り手は、自社のプロダクトが買い手の望むようなモノであり、対価を支払うだけの価値があるモノであると、説得するための仕組みをつくる必要がある。売り手自身がどれだけ価値の高いモノだと信じていても、それを説得力のある手段で買い手に上手く伝えて納得させられなければ、ビジネスは成立しない。また、買い手が望んでいないような、独りよがりの、売り手にとってだけの価値ならば、やはりビジネスにはならない。説得力のある価値を創り出し、演出し、対価に見合うものだと相手を説得する。説得力のあるプロダクトを生み出せれば、それを説明して納得させるプロセスは容易になるし、反対に、説得力の弱いプロダクトならば、巧みなプロセスの構築と実行が重要となる。そうした説得のプロセスに役立つ戦略や発想が、マーケティングである。

マーケティングに馴染みのない人ほどマーケティングに対して幻想を抱きやすいが、マーケティングは誰が使っても、容易にいつでも、必ず正解を導いてくれる魔法の道具ではない。マーケティングとは、自社の現状や市場環境、競争環境を整理・分析し、アイデア、製品、サービス、ビジネスモデルを創出するために役立ち、社内外および顧客への伝達・説得に有効となるような、ツールと発想である。当事者が主体的に、自分事として考え続ける行為は、マーケティングの効果発揮にとって不可欠となる。

4P／4C[14)]やSWOT[15)]といった基本的なマーケティング・ツールの活用から起死回生の一手を導き出せる場合もあれば、何も見出せない場合もある。形式的な実行が常に課題解決を約束してくれるものではなく、マーケティング・ツールの利用から何を見出せるかは、物事に対してどのようなマーケティング・インサイトを持てるかが大きく左右する。本書では、マーケティング・インサイトを「ビジネスの本質を見抜く力」として、これを磨き上げるのに役立つ視点についても紹介していく。

自らの頭で考え、自分事として課題を設定し、解決案を創る。事態の裏を読み、仕組みを推測し、答えを創りあげる。顧客やビジネスについて、因果の連鎖を予測し、構築する。「売りたい」、「広めたい」、「儲けたい」、「成長させたい」。そのためにはどの土俵で、どのような競争ルールで、いかなる勝ち方が可能なのか。そして、自らはどんな違いを創れるのかについて、調べ、考え、実行する。マーケティング・インサイトが備わった状態とは、「マーケティング的には」といちいち意識せずに、無自覚に上述のような思考を常に行える状態である。

近年ますます環境の変化が著しくなり、その環境下で暮らす消費者の変化も加速している。イノベーションの移り変わり、ライフスタイルの更新、流行のはやり廃りが目まぐるしい。環境が変わり消費者も変わる、言い換えれば競争の前提条件・ルールと顧客が変わり続けるなかでは、企業の生き方や戦略も変化を余儀なくされる。そのため、かつての成功体験がそのまま当てはめられないような局面が増えてきている。前年に成功したからといって、前年通りにやれば、前任者と同じ方法でやれば、思うような成果が上がるわけではない場面が目立つ。

「この場合にはこの法則が当てはまる」と、機械的にマーケティング・ツールを当てはめて答えを探すようなことはすべきではない。なぜなら、10年、20年前のマーケティングのハウツーを、現在にそのまま当てはめることは到底できないからだ。スマートフォンが普及している時代、いつでもどこでもあらゆることが手のひらからネットに繋がって可能となっている時代、各社が自社アプリで情報発信・受信を自由に行って顧客とコミュニケーションを取るのが当たり前の時代である。スマートフォン普及以前の消費者行動分析やコミュニケーション戦略、CRM[16]、あるいはマーケティング戦略全般にわたる前提条件と選択肢は大きく変化を遂げている。

かつては、状況や情報をもとに一定のツールを当てはめて、以前と同様の正解を目指していく「パズル型」のマーケティングで良かった時代もあった。しかし、変化が加速している現在および未来では、状況や情報をもとにその時々に異なる正解を自ら創り出していく「レゴ型」のマーケティングが求められる。そこでは、定石的なマーケティング・ツールへの当てはめではなく、自らのマーケティング・インサイトを磨き、柔軟性と鋭さを兼ね備えたインサイトに基づいて、ビジネスと向き合い続けなければならない。マーケティング・インサイトを武器として、イノベーションを創り出していく必要がある。

こうしたマーケティング・インサイトについて意識しながら、スマートウォッチという革新的なプロダクトを見てみよう。スマートウォッチが現時点でイノベーションとなっているかどうかは意見が分かれるところだが、スマートフォン、タブレットPC以降の新奇性のあるガジェットとして最も普及を拡大していることには異論ないはずである。

時計に、時計以上の機能を持たせたウェアラブル端末であるスマートウォッチは、実は1980年代からセイコー、セイコーエプソン、カシオといった日本メーカーが市場投入していたが、あくまでガジェットマニア向けのニッチ商品という位置づけだった。スマートウォッチが市民権を得ていったのは、スマートフォンの普及以降のことである。スマートフォンの着信通知、メール通知、あるいはSNSアプリとの連携を機能として、ソニーやQualcomm（クアルコム）社が製品を発表していった。またクラウドファンディングによって誕生したPebble Technology（ペブル・テクノロジー）社の「Pebble time」は大きな注目を集め、クラウドファンディングのKickstarter（キックスターター）で史上最高額となる約23億円の資金調達に成功したことも話題となった。しかし、スマートウォッチの普及を一気に加速させた存在は、やはりアップルの「Apple Watch」であることは疑いようがない。

Apple Watchは2015年に発売され、2016年、2017年にバージョンアップ版が続いてリリースされた。健康管理、スポーツ、支払といったスマート機能に加えて、本製品の特筆すべき点は、時計としてのデザイン性と機能にある[17]。時計として、外装の水準が極めて優れており、装着感も重心が低く、ケースは薄く、リストの微調整が可能で、ストレスフリーに設計されている。アップルはそもそもデザイン性に強いこだわりを持つ企業だが、Apple Watchの場合にはこだわる必然性が強い。アップルの視線の先には健康データビジネスがあり、Apple Watchはその情報収集端末という位置づけになっているからだ。それは、Apple Watchの開発責任者が同社ヘルスケアビジネスも担当していることから明らかで、Apple Watchを腕に付ける人々の健康データは、同社の健康データビジネスの貴重な資源となる。だからこそ、情報収集端末を腕に付け続けてもらうため、快適性にこだわったデザインと装着感を徹底的に追い求めたプロダクトとなっている。Apple Watchの販売台数は2016年発売の「series 2」から急速に伸び、2017年時点ですでに1,500万台を超え、普及拡大を続けている[18]。

時計専門メーカーであるタグ・ホイヤーの「CONNECTED」、ラグジュアリーブランドであるルイヴィトンの「Tambour Horizon」、あるいは時計本体でなくリストバンド部分でスマートウォッチ化させることができるソニーの「wena wrist」など、さまざまなプレーヤーからスマートウォッチが発売されている。しかし、スマートウォッチの普及を「目的」とするか「手段」とするか、によって決定的にプロダクトの質は左右される。開発にかける時間、手間、コストに大きな差が生じるからだ。アップルという世界最高クラスのブランド力やiPhoneの存在、よりファッション性を訴求した広告戦略などを踏まえたうえで、このプロダクトの位置づけの違い、「普及させるためにどうすべきか」に対する巧みなマーケティング・インサイトが、Apple Watchの普及拡大、ひいてはスマートウォッチを新たなイノベーションたらしめる原動力となっている。

註

1 ——Schumpeter (1934) より。
2 ——青島 (2017) より。
3 ——コトラー、ケラー (2014) より。
4 ——Schumpeter (1934) より。
5 ——公益社団法人発明協会「戦後日本のイノベーション100選」を参照。(http://koueki.jiii.or.jp/innovation100/index.html)
6 ——良品計画によるユーザー・イノベーションについては、第Ⅲ部第9章「2　ユーザーを起爆剤／潤滑油とする」にて詳しく後述。
7 ——SankeiBiz「ライバルが手出しできない「ルンバ」の強み　ロボットメーカーの実力」を参照。(http://www.sankeibiz.jp/business/news/141214/bsc1412141716001-n1.htm)
8 ——ロボスタ「「ルンバ」のアイロボット、家庭用ロボットの累計販売台数が2千万台を突破！」を参照。(https://robotstart.info/2017/09/14/roomba-15anniversary.html)
9 ——家電Watch「白物家電の世界市場調査、ロボット掃除機が前年比32.2%増と好調～富士経済調べ」を参照。(https://kaden.watch.impress.co.jp/docs/news/1109466.html)
10 ——日経×TECH「米アイロボットが日本法人を設立、「ロボット掃除機の世帯普及率を2倍以上に」」を参照。(http://tech.nikkeibp.co.jp/it/atcl/news/17/041101102/)
11 ——アメリカ・マーケティング協会の定義。野口 (2016) 22頁の日本語訳より。
12 ——コトラーなど (2014)。
13 ——コトラー、ケラー (2014)。
14 ——4Pは、4つのP (Product、Price、Place、Promotion) を最適に組み合わせたマーケティング・ミックスの策定がマーケティング効果の発揮に有効であるとするフレームワークで、マーケティング分析における基本ツールとして広く浸透している。この4Pを、消費者サイドから4つのC (Customer value、Cost、Convenience、

Communication）として捉え直したフレームワークは4Cと呼ばれる。

15——SWOTは、特定の事業について、企業の内部環境（Strengths、Weaknesses）と外部環境（Opportunities、Threats）の評価を整理するフレームワークで、マーケティング分析の基本ツールの1つである。

16——Customer Relationship Management、顧客関係管理を指す。

17——GQ「Apple Watchは時計以上に時計らしい」を参照。（https://gqjapan.jp/watch/20170430/apple-watch-is-a-serious-watch）

18——DIGITIMES「Apple Watch shipments expected to reach 15 million in 2017」を参照。（http://www.digitimes.com/news/a20170817PD208.html）

Chapter 5

過去から未来を考える

Future & Past

1 イノベーションの系譜

話をイノベーションへと戻そう。現在、私たちが意識せずに過ごしている生活、そこにある多くの「当たり前」と「便利」は、歴史をさかのぼれば実はイノベーションという形で出現してきたモノたちである。新しい色の絵の具をキャンバスに塗り重ねるように、既存の当たり前は新しいイノベーションによって上書きされ、新たな当たり前となっていく。現在進行形で進みつつある次のイノベーションや、未来のイノベーションについて考えるにあたって、過去を振り返ることには大きな意義がある。過去から現在へ、いかに進歩、発展を続けてきたか。その道のりを再認識することで、「これだけ変わってきたのだから、この先もっと変わっていける」と、現在から未来への革新に自信を持つことができるからだ。不安を乗り越え、次の革新にチャレンジする勇気を持つためにも、まずは過去から現在に至るイノベーションとその担い手について振り返り、いかに私たちの身の回りにはイノベーションが溢れているかを改めて認識しておこう。

社会全体の移り変わりを振り返るにあたって、4つの産業革命は大きな転換点となっている。産業革命とは、エネルギーとテクノロジーに関する大きなイノベーションが生じる時期である。まずは、イギリスを舞台とした第一次産業革命である。1730年代から、繊維産業における織布作業の機械化、紡績機の発明と普及によって繊維産業が急速に発展を遂げた。時を同じくして、安価で豊富な、イギリス国内の石炭資源を利用した製鉄産業も活性化していった。1760年代に入ると石炭を動力源とした蒸気機関が開発され、さまざまな機械への応用が進む。1800年代からは蒸気船、蒸気機関車といった移動手段にも変革がもたらされていった。紡績機や蒸気機関といった、当時のイノベーションの担い手は、ジェームズ・ハーグリーブスやジェームズ・ワットなどの、個の発明家・実業家が中心となった。

第一次産業革命から約半世紀後、アメリカやドイツを舞台とした第二次産業革命が起きる。1870年代から、電力を利用した電話機、蓄音機、電灯、映写機などの発明と普及が進み、工業の発展とともに映画やラジオといった娯楽も増えていくこととなる。これらのトマス・エジソンによる発明は、彼の設立したエジソン・ゼネラル・エレクトリック・カンパニー（現、GE）によって大きく事業化されていった。同時期のドイツでは、石油を用いた自動車の開発に成功する。その立役者であるゴットリープ・ダイムラー、カール・ベンツはそれぞれに事業化し、のちに合併してダイムラー・ベンツ社となり、現在ではダイムラー社と、その乗用車ブランドであるMercedes-benzに名を遺している。1900年代にはヘンリー・フォードによる自動車の大量生産が実現し、T型フォードが急速に普及を遂げた。電力、石油を用いた第二次産業革命期のイノベーションの担い手は、個の発明家の手から、GE、ダイムラー、フォードといった現在に続く大企業へと変わっていく。

多くの戦争を経て、第二次産業革命からさらに約半世紀後が、アメリカを舞台とした第三次産業革命である。1950年代から利用の始まった原子力エネルギーは、新たなエネルギーとして産業発展を後押しする力となった。また、開発が進められてきた自動計算機が一般商品化され、1970年代からコンピューターとロボットの産業活用が始まった。そして1990年前後から普及が始まったインターネットによって、Information and Communication Technology（以後、ICT）がインフラ化する社会が実現していった。ICTにまつわるさまざまなイノベーションの担い手は、1911年設立のInternational Business Machines Corporation（以後、IBM）のような大企業に加えて、1968年創業のインテル、1975年に誕生の一歩目を踏み出したマイクロソフト、1976年に設立されたアップル、といったベンチャー企業が混在していくようになる。

この第三次産業革命を土壌として、アメリカでは1995年にアマゾン・ドット・コム（以後、アマゾン）、1998年にグーグル（現、アルファベット）、2004年にフェイスブック、といったベンチャー企業が次々と産声を上げていった。中国においても1998年にテンセント（騰訊）、1999年にアリババ（阿里巴巴）、2000年にバイドゥ（百度）が誕生する。この時期に現れたアップル（1位）、アルファベット（2位）、マイクロソフト（3位）、アマゾン（4位）、テンセント（6位）、アリババ（7位）、フェイスブック（8位）のメガ・ベンチャー群が、現在の世界時価総額ランキングを独占している[1)]。そして、彼らを主役とした現在進行形の第四次産業革命へと続いていく。

2010年代から始まった第四次産業革命では、エネルギーは安全面から脱原子力、環境面から脱炭素へと大きく動き出している。自動車は脱ガソリンが進められ、フランスは2040年、インドは2030年、ノルウェーとオランダは2025年、それまでにガソリン・ディーゼル車の販売を禁止すると宣言している[2)]。ガソリン車から電気自動車（EV）へ、世界中で大きな波が動くことは間違いない。また、アップルでは、世界43カ国のオフィス、店舗、データセンターを含む全事業所の電力を、太陽光や風力といった100％再生可能エネルギーでまかなう体制の整備を完了した[3)]。そのために世界25カ所の再生可能エネルギー発電所を自社で保有し、他社発電所からも再生可能エネルギーのみを調達している。アップル製品の製造に携わるサプライヤー23社も、100％再生可能エネルギーでの製造を宣言しており、エネルギー変化への対応が競争条件の1つにまでなっている。

エネルギー変化そのものや、エネルギー変化が巻き起こす産業変化が著しい一方、テクノロジーの革新も劇的に続いている。AI（Artificial Intelligence／人工知能）、IoT（Internet of Things／モノのインターネット化）、ロボット、Fintech（financial technology）、ブロックチェーン、仮想通貨。それぞれが大きく発展するとともに、連携していくことで、あらゆる産業構造が変化を迫られている。自動車も住宅も、あらゆる分野がIoTでつながり、ICT分野を牛耳るメガ・ベンチャーのフィールドへと変わっていく。第四次産業革命におけるキープレーヤーはメガ・ベンチャー群であり、その主戦場はアメリカと中国になる。

ここまで、産業革命という切り口から、現在に至るまでのエネルギーとテクノロジーのイノベーションを駆け足で追いかけた。今度は、より身近に「移動」という視点からイノベーションを振り返ってみよう。「移動」と言っても、ヒトの移動と、情報の移動がある。それぞれ、主に日本を舞台として振り返ろう。

ヒトの移動について、街道や海路の整備は鎌倉時代までさかのぼる日本史の話になってしまうが、陸路で言えば、徒歩での移動が当たり前の時代は極めて長く続いた。徒歩での移動が当たり前だった時代、東京から京都までは約2週間を要したという[4]。明治時代を迎えた1870年代から、人力車、馬車、蒸気機関車が続々と登場する。馬車鉄道と蒸気機関車の時代を経て、1890年代になると電車が登場し、1900年代から自動車が顔を出し始める。ただし、自動車が大衆の移動手段となったのは、東京オリンピックを経た1960年代のことである。新幹線、飛行機が移動手段として本格的に普及を開始したのも同時期からとなる。

徒歩で2週間を要した東京－京都間を、現在では、自動車ならば約6時間、新幹線ならば2時間強で移動できる。かつて船で20日間を要した日本－アメリカ・サンフランシスコ間を、飛行機ならば約9時間で移動できる。現在の当たり前は、SF（サイエンス・フィクション）の世界と言ってもいいほどに、昔から考えればすさまじいイノベーションの産物であることがわかるだろう。アメリカの宇宙開発ベンチャーSpace X（スペースX）社（イーロン・マスクCEO）は、宇宙ロケットによる移動を実現することで、地球上のあらゆる場所に1時間以内に移動でき、東京－ニューヨーク間の移動時間は37分になるという未来の高速移動手段の開発に着手している[5]。現在ではSFの域を出ないが、歴史を振り返れば、これが実現しないと言い切ることは誰にもできないはずである。

次は、情報の移動を見てみよう。情報の移動は、コミュニケーション手段の革新として見ることができる。遠隔地とのコミュニケーション手段は書面のやり取りが当たり前、という時代が長く続いた。書面のやり取りにかかる時間は、交通手段の発展とともに早くなっていったが、こちらも明治時代を迎えた1870年代から電報、関東大震災を経た1920年代から市内での電話、1960年代から市外での電話やFAXが普及していった。1990年代後半のインターネットの普及によって、電子メール（eメール）でのコミュニケーションが可能となり、ガラパゴス・ケータイ（ガラケー）と呼ばれる小型携帯電話が普及率50%を超えたのは、2000年のことである。そして、スマートフォンの普及率が50%を超えたのが2013年である。

インターネットの普及、通信速度の高速化、通信料の定額制、およびスマートフォンの普及。これらが揃って初めて実現できる現在の当たり前である「いつでも、どこでも」のコミュニケーションは、つい最近に実現したものである。現在では、eメールは非効率的なコミュニケーション手段となっており、LINE、Facebook Messenger、あるいはチャット機能を提供する各種アプリによるコミュニケーションの方がはるかに手軽で効率的に情報交換ができる。コミュニケーション手段として利用されるアプリの世界におけるAU（アクティブ・ユーザー）数は、上から、フェイスブック社が保有するWhatsAppとFacebook Messengerが13億人、テンセント社のWeChatが9.8億人でQQ mobileが8.4億人、マイクロソフト社のSkypeが3億人、ラクテン・バイバー社（楽天の子会社）のViberが2.6億人、Snap（スナップ）社のSnapchatが2.5億人、そしてライン社（ネイバー社の子会社）のLINEが2億人である[6)]。

また、文字のやり取りに代わって、音声や動画のやり取りが増えてきている。日本では絵文字やスタンプでのコミュニケーションの方が一般的だが、欧米におけるSnapchatでの動画のやり取りや、中国におけるWeChatでの音声でのやり取りは、すでに一般的である。2020年には現在の4Gの100倍以上の通信速度となる5Gの通信環境が整備されることで、更なるコミュニケーション手段の革新が起こっていくだろう。

2 世界のイノベーションの現在地

イノベーションがいかに私たちの生活と繋がっているかを再認識してもらったところで、続いては、現在そして近未来にイノベーションを生み出すプレーヤーについて考えていこう。もちろん、前述のメガ・ベンチャー群はその筆頭になるが、毎年、さまざまな指標をもとに発表されているイノベーター・ランキングを手掛かりとして、詳しく見てみよう。

Clarivate Analytics（クラリベイト・アナリティクス）社の「Top 100 グローバル・イノベーター」では、特許データをもとに世界の革新的な企業・機関を選出している[7)]。2017年の結果は、日本企業は39社が選出され、国別で世界最多となった。7年連続で選出された日本企業には、オリンパス、キヤノン、信越化学工業、セイコーエプソン、ソニー、東芝、トヨタ自動車、日東電工、日本電気（NEC）、日本電信電話（NTT）、パナソニック、日立製作所、富士通、本田技研工業、の14社がある。国別の企業数では、2位がアメリカの36社、3位がフランスの7社と続く。この結果だけを見ると、少なくとも技術力という観点からは、日本企業の力は依然として世界有数のように映る。

一方、経済誌『フォーブス』が選ぶ「世界で最も革新的な企業（The World's Most Innovative Companies）」は、投資家の評価に基づいて、次に大きなイノベーションを生み出す可能性の高い企業をランキングしたものである[8)]。2017年のトップ10は、1位 セールスフォース・ドットコム（米）、2位 Tesla（テスラ）（米）、3位 アマゾン（米）、4位 上海莱士血液製品（Shanghai RAAS Blood Products）[9)]（中）、5位 Netflix（ネットフリックス）

(米)、6位 Incyte(インサイト)[10](米)、7位 Hindustan Unilever(ヒンドゥスタン・ユニリーバ)(印)、8位 Asian Paints(アジアン・ペイント)[11](印)、9位 NAVER(ネイバー)(韓)、10位 Regeneron(リジェネロン)[12](米)となっている。日本企業はというと、26位 楽天、27位 シスメックス、32位 ファーストリテイリング(ユニクロ)、37位 ユニ・チャーム、43位 シマノ、49位 キーエンス、56位 オリエンタルランド、84位 ヤフージャパン、96位 ファナックの9社がランクインするに留まっている。

また、ボストン・コンサルティング・グループが世界の経営者1,000名以上へのアンケート調査と株主総利回りをもとに、イノベーション創出に秀でた企業50社を選出する「The Most Innovative Companies 2018」もある[13]。ここでは、1位 アップル、2位 アルファベット(グーグル)、3位 マイクロソフト、4位 アマゾン、6位 テスラ、7位 フェイスブック、8位 IBM、9位 Uber(ウーバー)、とトップ10のうち8社をアメリカの企業が占めている。5位にサムスン(韓)、10位にアリババ(中)で、日本企業は17位 トヨタ自動車、32位 NTTドコモ、37位 日産自動車のわずか3社の選出となっている。

当然のことながら、指標が変われば選出の基準も変わり、特定のランキングの結果が絶対的ということはない。しかし、イノベーションを生み出していく主体としての日本企業の評価は、技術力の評価に比べてはるかに低いこと、そして技術力の評価と結びついていないことは確かにわかる。この3つのランキングからは、技術には強いが、その技術をイノベーションとして普及させるためのマーケティングに弱い、という日本企業の現状が浮かび上がる。「新しい何か」は、キャズム[14]を超えて普及し、新たなビジネスとして広く認知されなければイノベーションとはなり得ない。「日本企業からイノベーションが生み出されにくくなった」と言われるようになって久しいが、その原因の1つは、「新しい何か」の種を持っていても、それをイノベーションに昇華できないマーケティングにある、と考える必要がある。

また技術力においても、前述の第四次産業革命を念頭に置けば、日本企業が世界から大きく後れを取っている現実を直視しなければならない。ICTのインフラ化、IoTによるリアルのネットワーク化が進む中で、世界の技術競争の焦点はAI開発に向けられている。そのAIの特許数を見てみると[15]、アメリカは2005年〜2009年の5年間に12,147件、2010年〜2014年の5年間に15,317件と、世界トップをリードしている。続くのは中国で、前5年間に2,934件だった特許数が、後5年間には8,410件へ約3倍に跳ね上がっている。一方、日本は前5年間に2,134件だったのが、後5年間には2,071件へと減少してしまっている。

2006年〜2016年の米中日、各国トップ3のAI特許数を有するプレーヤーは、アメリカではIBM 3,049件、マイクロソフト 1,866件、グーグル 979件、中国では中国国家電網公司 757件、北京大学 442件、南京大学 385件、日本ではNTT 567件、NEC 541件、日立製作所 420件である。AI開発競争は激化を続けており、一度後れを取ったプレーヤーが後から追いつくことは至難の業である。AI大国として世界をリードするアメリカ、国営企業や大学を主体として国をあげてAI開発を進める中国。この2つの国が第四次産業革命の主役となることは、容易に想像がつく。

日産自動車は、2017年10月より北米市場における11車種に、アマゾンのAI「Alexa」による遠隔操作を導入している[16]。ドアロック開閉やエンジンの始動と停止、冷暖房操作、クラクション、ライト点滅、また電気自動車では電池残量の確認、充電管理などが、音声操作で可能となっている。またトヨタ自動車も、北米市場のカムリとレクサスにおいて、2018年後半からアマゾンのAlexaを搭載していき、2019年以降には導入車種を拡大させることを発表している[17]。住宅も同様で、大和ハウス工業のコネクテッドホーム「Daiwa Connect」ではグーグルのAIスピーカー「Google Home」をインターフェースに採用している。

AIは、IoTの心臓部として、今後あらゆるモノに入り込んでいく。そのときに、家電、自動車、住宅のあらゆる心臓部にはアマゾンやグーグルのAIが採用され、手足に該当するハード面だけを日本メーカーが提供していくようになる。つまり、かつて世界で一時代を築いた日本の家電、自動車メーカー各社はハードのサプライヤーとなり、AIを提供し、あらゆる生活データを観測する、メガ・ベンチャー群が産業の主役を独占する未来がまさに始まりつつある。

註

1 ——Think 180 around「世界時価総額ランキング(2018年3月末時点)」を参照。(http://www.180.co.jp/world_etf_adr/adr/ranking.htm)

2 ——BUSINESS JOURNAL「ガソリン車、世界的に禁止へ…日本の自動車メーカー、大規模な人員削減と下請け淘汰必至」を参照。(http://biz-journal.jp/2017/08/post_20304.html)

3 ——Sustainable Japan「【アメリカ】アップル、世界全事業所で再エネ100%達成。サプライヤー9社も100%宣言」を参照。(https://sustainablejapan.jp/2018/04/10/apple-100-percent-renewable/31413)

4 ——国土交通省 関東地方整備局 横浜国道事務所「東海道への誘い 旅について」を参照。(http://www.ktr.mlit.go.jp/yokohama/tokaido/02_tokaido/04_qa/index4/answer2.htm)

5 ——Response「テスラの宇宙ロケットに国際線旅客機構想…東京－NYが37分」を参照。(https://response.jp/article/2017/10/05/300709.html)

6 ——statista「Most popular mobile messaging apps worldwide as of January 2018, based on number of monthly active users (in millions)」を参照。(https://www.statista.com/statistics/258749/most-popular-global-mobile-messenger-apps/)

7 ——Clarivate Analytics「Top 100 グローバル・イノベーター・アワード」を参照。

順位は非公表。（https://clarivate.jp/top100/）

8 ——Forbes「The World's Most Innovative Companies」を参照。（https://www.forbes.com/innovative-companies/list/）

9 ——上海莱士血液製品。医療製品メーカー。

10 ——バイオ医薬品メーカー。

11 ——塗料メーカー。

12 ——バイオ医薬品メーカー。

13 ——The Boston Consulting Group「イノベーション企業ランキング　トップ50を発表〜BCGイノベーション調査2018」を参照。（https://www.bcg.com/ja-jp/d/press/17january2018-most-innovative-companies-go-all-in-digital-181185）

14 ——キャズムについては、第Ⅲ部第7章「1　キャズムを超え、トルネードに乗る」にて後述。

15 ——日本経済新聞「数の米国、攻める中国　AI特許6万件を解剖」を参照。（https://vdata.nikkei.com/newsgraphics/ai-patent/）

16 ——日本経済新聞「日産、米国で11車種をアマゾンアレクサ対応に」を参照。（https://www.nikkei.com/article/DGXMZO22057610101020170000000/）

17 ——TechCrunch「トヨタ、今年後半にAlexaのサポート開始へ─車載スキルはハード増設の必要なし」を参照。（https://jp.techcrunch.com/2018/01/10/2018-01-09-toyota-will-offer-alexa-in-its-cars-starting-later-this-year/）

Chapter 6

イノベーションの創出と継続

Sustainable Innovations Orientation

1 革新への険しい道のり

イノベーションの創出は、企業にとって最重要課題の1つである。しかし、「日本企業からイノベーションが生まれにくくなった」と言われるようになって10年以上が経過している。その原因としては、モノづくりへの偏重が招いたICT（Information and Communication Technology）化に対する取り組みの後れ、イノベーションの担い手となるベンチャー育成の後れなど、さまざまな要因が指摘されている。そうした中でも、より根源的な2つの要因をここでは取り上げよう。

1つは、短期的な利益追求のあまりに、次のイノベーションの探索を怠っている日本企業の現状である。収穫を焦るあまり種蒔きを怠り、次の収穫物に困り、さらに種蒔きの余裕がなくなる。多くの日本企業がこの悪循環に陥っている。革新の継続に役立つ種の蒔き方については本章の後半で後述するが、この悪循環の大部分は評価制度と働き方が招いてしまっている。

日本における主要なプレーヤーの多くは、未だ大企業である。そして大企業に勤めるビジネスマンの多くは、3年、5年での部署異動を前提としたジョブローテーションのもとで働く。彼らは、自身がその部署に所属している期間内に、いかに前年度を上回り、目標を達成し、成果を残すかに集中する。自身の在職期間内の成果だけが対象となる評価制度があるのだから当然である。必然的に短期的な勝負に没頭し、企業全体の中長期的な成長に対する関心は薄くなる。この価値観は、マネジメント層にまで当てはまることが多い。自身の評価に含まれない、後任者のための種蒔きに努める者は、「物好き」、「もったいない」と出世競争のライバルたちから後ろ指をさされる。まずはこうした評価制度を変革し、働き方と価値観を変えなければ、日本企業によるイノベーションの現状打開は見込めない。

もう1つは、新しい何かをビジネスとして普及させるためのマーケティングを、十分に機能させられていない実態だ。「made in Japan」と誇った技術力のすべてがコモディティ化したわけではないが、技術力だけで差別化できる市場環境が激減していることは明らかである。また、「made in Japan」が高品質高付加価値ではなく、過剰品質として受け取られるケースが多い事実は、価値創造の方向性や説得プロセスにおけるマーケティングの失敗として、目をそらさずに受け止め、反省材料としなければならない。

例えば、アクションカメラ（ウェアラブルカメラ）市場において、2002年創業のアメリカのGoPro（ゴープロ）の「GoPro HERO」シリーズは、2011年に114万台、2012年に231万台、2013年に384万台と急速に普及を拡大させた[1)]。ゴープロは、ドローンの自社製造販売に事業拡大したことから、中国のDJI（大疆創新科技有限公司）[2)] との競争に敗れ、経営状態を悪化させて買収も囁かれているが、GoPro HEROの売上自体は好調を維持している。GoPro HEROは、カメラが本来提供する価値である「記録」を、手段として再定義し、「記録データの共有」という新たな価値提供を突き詰めることで競争優位を獲得したプロダクトである。YouTube、facebook、Instagram、Twitterといった各種SNSと連携して、いかにスムーズに動画投稿を行えるか、に主眼を置いて設計、アプリ開発、ブランディングが行われている。一方、日本の家電メーカー各社は、カメラそのもののデザイン、重量、画質、防水機能、手振れ補正機能などに焦点を当てて、従来通り、記録に価値を置き続けてきた。カメラの外観や性能、技術力の側面では、日本企業のプロダクトの方が上回っていたかもしれない。しかしアクションカメラ市場における競争に勝ったのは、体験の共有・拡散という消費者ニーズを捉えた価値づくり、つまりマーケティング戦略の立案と実行に秀でたゴープロだった。

イノベーションが企業に大きな価値をもたらすことは誰もが認めるところだが、一方でイノベーションを生み出すには対価が必要となる。新しい何かを見つけるためには膨大な時間と労力が必要となり、また開発と普及にも大きなコストが求められる。そして、当然のことながら、対価を支払えば必ず成功できるわけではない。特に技術関連のイノベーションにおいて、創出には大きなリスクが付いて回ることになる。

例えば、「痛くない注射針」と称されるテルモの「ナノパス」シリーズは、注射針の製造方法を一から見直して開発されたプロダクトで、2005年の発売から7年間での販売実績は10億本を突破しているイノベーションである[3)]。世界で最も細い注射針は、「注射が痛くなければいいのに」という患者の普遍的なニーズを解消してくれるイノベーションとして広く受け入れられたが、その開発には5年以上の年月を要した。また、「消せるボールペン」としてパイロットコーポレーションが生み出した「フリクションボール」シリーズは、2006年の発売からの

11年間でシリーズ累計販売数が19億本を超える大ヒット商品である[4]。文房具というコモディティ市場における画期的なイノベーションだが、「しっかり書けて、しっかり消せる」を実現するインクには、30年以上の開発期間がかかった。

ナノパスやフリクションボールは、開発期間やコストの面で大きな対価を支払い、その結果、成功を収めた。しかし、イノベーションを夢見たものの、対価だけを支払って終わりを迎えるケースは無数に存在する。時間とコストをかけた末に製品化にすら至らないケースもあれば、イノベーションになると期待して市場に出したものの顧客に受け入れられず、早々に消えていくケースもある。そうした失敗事例はあまり表に出てこないが、企業内部には山積している。そのため、イノベーションは企業にとって不可欠だが、イノベーション創出にかかる対価が重荷となって企業を苦しめる事態に陥りやすい。効率的なイノベーション創出のマネジメントは、多くの企業にとって長年の課題である。いかにイノベーションを生み出すか、へ向けたルートの選択肢については第Ⅲ部で詳しく見ていくこととする。

2 継続を飲み込む破壊的イノベーション

1つのイノベーションを生み出す難しさに加えて、継続的にイノベーションを生み出す難しさに対しても、企業は向き合う必要がある。製品にライフサイクルがあるとおり、イノベーションとして広く普及した製品もいずれは衰退期を迎える。華々しいイノベーションもいつかは後続に飲まれ、あるいは顧客に飽きられ、陳腐化する。1つのイノベーションの陳腐化とともに企業が倒れないためには、次のイノベーションの種を蒔いておき、続々と芽吹かせていかなければならない。しかし、1つのイノベーションの創出に成功した企業は、一度成功したからこそ、次のイノベーション創出を継続させることが難しい。

1つの成功体験が、次の成功の障壁となってしまう現象は、「イノベーションのジレンマ」[5]と呼ばれている。1つのイノベーションに成功すると、企業はその事業に選択と集中を行い、資金や人材を重点的に投入する。これは事業の成長を狙ううえで合理的な経営判断だが、結果的に次のイノベーションの探索・育成に対する経営資源の配分は阻害され、新規参入企業に追い越されてしまう事態を招く。企業成長のために正しい意思決定を行ったはずなのに、市場競争に敗れてしまうことから「ジレンマ」と称される。そして、経営資源に乏しい新規参入企業が、既存の有力企業に挑戦して勝ち上がっていくプロセスと、後述するイノベーションの特徴から、この新規参入企業によるイノベーションは「破壊的イノベーション」[6]と名付けられている。

既存市場において成功を収めている有力企業にとって、重要視すべき経営課題は、主要顧客のために性能を向上させることである。そのために、少しずつ性能を高める漸進的イノベーションや、一気に性能を引き上げる画期的イノベーションへと経営資源を投入しやすい。漸進的イノベーションや画期的イノベーションといった持続的イノベーションには、豊富な経営資源を中長期的に投入し続ける必要があり、それゆえに経営体力に秀でた大企業が担い手となりやすい。しかし、時として、この持続的イノベーションの追求は過剰品質の追求となってしまい、主要顧客の求める性能を置き去りにする事態を招いてしまう。

これらに対して、既存製品の性能や、主要顧客が最低限求める性能からあえて大きく低下させるというのが、破壊的イノベーションの特徴で

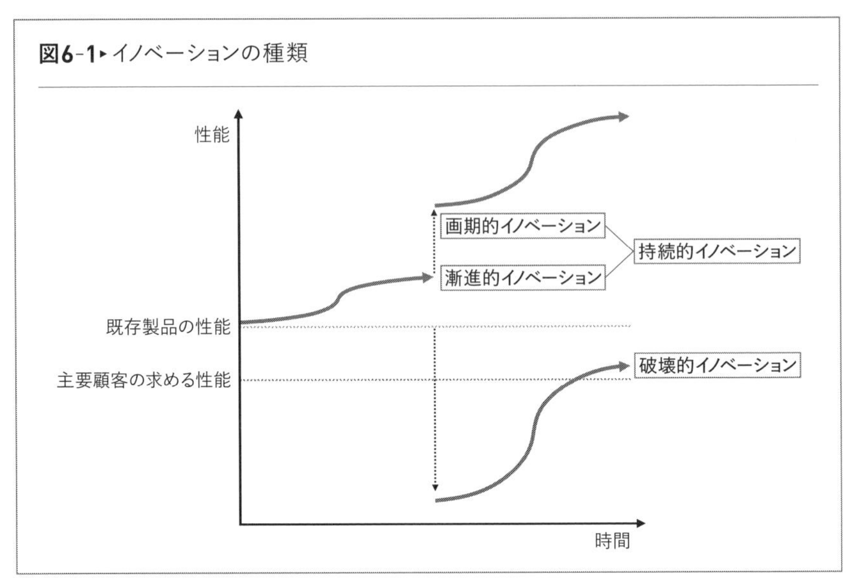

出典：玉田（2016）p.44を基に筆者作成。

ある（図6-1）。破壊的なプロダクトは、最初のうち既存製品の主要顧客層からは相手にされないほどに低い性能だが、新しい顧客や、高い性能を求めていない顧客をターゲットとして「最低限の品質だが、新奇性があって面白い」製品を提供する。経営資源の乏しいベンチャー企業が新規参入企業として、破壊的プロダクトの担い手となりやすく、既存顧客の満足度向上を目指している既存の有力企業からは生み出されにくい。また、市場投入後も有力企業からライバル視されにくい。この破壊的プロダクトが、最低限の品質を改良していき、主要顧客の求める品質を満たすと、有力企業の既存製品を飲み込み、一気にシェアを奪い取って破壊的イノベーションとなる。

一般的に、性能を上から下に落とす意思決定を行うことは企業にとって抵抗が大きい。逆に、下から上に高めていくことは容易である。

2007年、アップルが「iPhone」を初めて市場投入したとき、既存の主力製品だったブラックベリー・リミテッド社の「Blackberry」のユーザーにとっては到底受け入れられない品質だった。通話機能、バッテリー、ネットワーク接続などの品質がいずれも低かったからである。しかし、キーボードが画面と一体化するという新奇性を備え、デザイン性にも優れていた。iPhoneのその後の逆転劇は、誰もが知るところである。こうした破壊的イノベーションは、従来の個人寿司店から「形を真似ただけで、あんなものは寿司じゃない」と言われていた回転寿司チェーン、眼鏡屋に対するインターメスティック社の「Zoff」とジンズ社の「JINS」、理容院に対するキュービーネット社の「QBハウス」など、破壊の兆しも含め、実は身の回りに少なくない。

市場の低価格帯に潜り込んで勝ち上がっていく破壊的イノベーションが実現できれば、その低コスト型ビジネスモデルは企業にとって極めて貴重な成長資産となる。なぜなら、低コスト型ビジネスモデルをそのまま高価格帯に持ち込めれば、価格の上乗せ分の大半が利益に見込めるからである。破壊的イノベーションの創出を目指すことで、そうでない場合と比べて、企業が利益ある成長事業を生み出す確率は6%から37%へと高まるという[7)]。

新しく市場に出てきた破壊的なプロダクトに対して、「おもちゃのようだ」、「理想論で、夢物語だ」あるいは「SFだ」と斜に構えて笑っている間に、破壊的なプロダクトはすさまじい速度で性能を向上させて破壊的イノベーションとなり、既存製品群を飲み込む。特に近年における破壊の速度は加速してきており、1つのイノベーションに安心しきってあぐらをかいていては、市場競争に置いていかれやすくなっている。ここではより踏み込んで、置いていかれつつある幾つかの現実を直視してみよう。

ソフトバンクが、フランスのAldebaran（アルデバラン）社と共同開発して2014年に製品化した感情認識パーソナルロボット「Pepper」は、ソフトバンクショップのほか家電量販店や観光地などに稼働場所を広げてきている。2017年初め時点での普及台数は2万台にとどまり[8]、提供能力もまだまだ人の接客に及ばない部分が大きいが、多言語対応を含め近未来の接客サービスの主役になりうる存在である。2015年に長崎のハウステンボス内にオープンしたH.I.S.（エイチ・アイ・エス）の「変なホテル」では、接客ロボットがホテルのいたるところを動き回る。近未来の究極の生産性を目指し、チェックイン・チェックアウトやクローク対応、案内、荷物運搬、そして各客室内における質疑応答サービスなどをロボットが担当している。2018年に新たに7カ所、2019年に新たに1カ所をオープン予定で、全国13カ所にホテル展開を拡大していく[9]。西武グループの品川プリンスホテルNタワーにおいても、2017年から自律走行型デリバリーロボット「HARRY」を導入し、各種アメニティや飲食品の客室へのデリバリーサービスをロボットが行っている。接客サービスにおける破壊は、決して遠い未来の話ではない。

AI（Artificial Intelligence／人工知能）を核とした破壊的プロダクトとして、bot（ボット）を利用したサービスもあげられる。ボットは、人間に代わってAIが自動対応するプログラムで、この1、2年の間に多くの日本企業が取り組みをスタートさせている。ユニ・チャームは大人用おむつの問い合わせに対してAI「マキさん」で自動対応するチャットボット「大人用おむつNAVI」を2018年から開始した。また同じく2018年から、ライオンでは効果的な洗濯方法に関する問い合わせ対応を、ライン社のAIを利用して、LINEアカウント「トップスーパーNANOX」での自動対応を始めている。

一方、アメリカのベンチャー企業PS Dept.（ピーエス・デプト）では、

2014年からいち早くボットを利用したサービスを展開させて急成長を遂げている[10]。ピーエス・デプトは、オンライン接客によるパーソナル・ショッパーサービスである。アプリ上で欲しい洋服や鞄、アクセサリーの要望を書き込んだり、イメージの画像を送ったりすることで、同社スタイリストが110の提携企業、数千のブランドから最適な商品を探して提案してくれ、アプリ上で購入まで行える。提携外のハイブランドやビンテージ商品の希望への対応も可能である。同社の創業者ミシェル・ゴードはMarc JacobsやBARNEYS NEW YORKでバイヤーを経験したのちに、2014年にニューヨークで起業した。サービス開始後2年半で会員数は約35,000人、MAU（月間アクティブ・ユーザー）数は7,000人となっている。ショッピングリクエストの累計は10万件を超え、平均購入額は1回850ドル。利用者のうち、新規顧客の購入実現率は20～30%で、リピーターの購入実現率は45%と高水準を実現している。

オンライン接客を通じた商品提案に関するきめ細かな対応を強みとしているが、月間7,000件ものリクエストに応じる同社スタイリストの数は、わずか6名である。その背景にはボットの活用がある。リクエストの4割を占める最初の応対や好みの大まかな絞り込みはボットが自動で行い、残り6割の細かな応対と商品提案をスタイリストが対応している。これはAIがあって初めて成り立つビジネスモデルであり、加えてピーエス・デプトはこれまで把握できていなかった「消費者が商品提案を拒否する理由」と「購買を上手く導く接客ノウハウ」という2つのマーケティング情報を取得できるサービスであることも特徴だ。

前者は、例えば提案商品の色、デザイン、サイズ、重量、コストパフォーマンス、あるいはコーディネートの幅の狭さといった、「商品を選ばない理由」がチャット形式の会話で明らかになる。そうした商品選択におけるネガティブ情報は、提携ブランドにフィードバックされる。

これは企業が喉から手が出るほど欲しい消費者の本音であり、それゆえにピーエス・デプトとの提携は企業にとってメリットが大きい。

後者は、更なるオンライン提案能力の向上につながる情報源となる。チャット形式でのオンライン接客が進んでいくと、スタイリストからの提案に悩み、その末に提案を受け入れる決断をするきっかけが現れる。顧客が心を決める、最後の一押しの瞬間である。リアル店舗における、従業員個人による接客・営業ノウハウは、個々の営業が隠し持つ「自分だけが知っているコツ」である。真の「提案営業のコツ」は、営業担当者個人がそれぞれに持つものであり、自身の本当の強みを社内で同僚や先輩・後輩というライバルたちにすべてシェアする者はいない。誰もがブラックボックスとしておきたいものである。それが、オンライン接客では文字情報・画像情報で可視化され、プロセス、結果とともに蓄積される。従業員個人に蓄積されていたノウハウ情報が、オープンとなって企業に蓄積され、企業全体の強みとして共有していくことが可能になる。これは、リアルで発揮していた強みを、デジタルが吸収し、さらなる価値を生み出していっていると言える。サービスや顧客とのコミュニケーションにおけるボットを利用した破壊は、現在進行形の話である。

3 革新を継続させるマーケティング・インサイト

イノベーションの創出と継続に関する具体的な概念や取り組みについては、第Ⅲ部で詳しく取り上げていくが、その前段階として、ここでは革新を継続させるために役立つマーケティング・インサイトを紹介しよう。経営者（起業家）も従業員も、1人のビジネスマンとして個のマーケティング・インサイトを磨くことで、イノベーションの創出・継続の生産性は飛躍的に高めることができる。

まずマネジメントサイドのインサイトとして、「両利きの経営（Ambidexterity）」を強く意識することが重要となる[11]。イノベーションの創出を継続させるためには、現在の主力事業・イノベーションを深堀しつつ、次の事業・イノベーションを探し求める、という2つの異なる活動への注力をバランス良く行わなければならない。前者は「活用（Exploitation）」、後者は「探索（Exploration）」と呼ばれる。活用には、短期的な成果目標に向けて、標準化されたプロセスで、システマティックな実行体制を整備する必要がある。一方、探索には、中長期的な目標設定のもと、個々それぞれの自主性や嗜好性に応じたプロセスで、ある程度の失敗が許容されるチャレンジ推奨型の体制を整えることが求められる。そのために、活用と探索を異なる部門に切り分けて行わせたり、2つの活動の使い分けをトップダウン型でマネジメントしたり、ボトムアップ型で適切なスタイルを現場の個々に任せたり、といった方法を選択する。あるいは、社内では活用に集中して、外部企業との連携において探索を行う、という選択肢もある。これについては、大企業とベンチャー企業によるオープン・イノベーションという形で、第Ⅲ部第9章で詳しく紹介する。

活用と探索の両利きについて、幾つか事例を見てみよう。ホンダでは、主力事業の自動車と二輪車に加えて、船外機のマリン、耕運機や発電機のパワープロダクト、F1などのモータースポーツ、二足歩行ロボット「ASIMO」をはじめとするテクノロジー、といった多くの事業を展開している。こうした既存事業における活用と並行して、次のイノベーションとして探索を進めてきたのが小型ジェット機である[12]。同社のビジネスジェット機「Honda Jet」は、エンジンを主翼の上に配置することで、飛行性能の向上、騒音の減少、客室空間の拡大を実現した、これまでのジェット機設計の常識を覆したプロダクトである。小型ジェット機の開発は1986年から開始され、30年の開発期間を経て2015年に、満を持してHonda Jetが市場投入された。北米や欧州において、個人・法人による都市間の移動手段として小型ジェット機は利用されており、アジア市場でも需要拡大が見込まれている。Honda Jetは、アメリカのCessna Aircraft Company（セスナ・エアクラフト・カンパニー）社の小型ジェット機「CITATION M2」を抜き、2017年の世界納入台数でトップに立った。ホンダは新たなブランド戦略の柱としてHonda Jetを位置づけ、自動車などに続く収益源として育てていく。

中国のハイアール（海尔集团）社では、巨大な組織を2,000にも及ぶユニットに切り分け、各ユニットが独自の損益計算書、オペレーション、そしてイノベーションプログラムを持って独立した企業のように取り組む、アメーバ型の経営によって急激な成長を続けた。その結果、洗濯機で14.6%、冷蔵庫で17.3%と、ハイアールは白物家電の分野で世界トップのシェアを獲得している[13)]。また、アルファベット（グーグル）社では両利きのために2つのルールを設けている。1つは「70：20：10のルール」[14)]である。同社では、リソースの70%を既存の主力ビジネスに、20%を成功の兆しが見え始めている成長プロダクトに、そして残り10%は失敗のリスクはあるものの成功すれば大きなリターンが見込める全く新しい取り組みに分配している。一定の上限を設けたうえで、主力事業の深堀、有望な成長事業への探索的な投資、とんでもないアイデアの探索活動を同時並行させている。もう1つは、業務時間の20%を自由な活動に利用できる「20%ルール」である。20%ルールから、位置情報・交通情報を教えてくれるアプリ「Google Map」や世界中の美術品を鑑賞できるアプリ「Google Arts & Culture」などの新たなプロダクトが輩出されている[15]。同様の取り組みはアメリカの3M（スリーエム）社でも行われており、業務時間の15%を自分の好きな研究活動に使える「15%カルチャー」[16]を土壌として、「ポストイット」をはじめとした多くのプロダクトを生み出している。いずれも、活用と探索の両利きの成功事例である。

探索の取り組みにおいては、「場づくり」の意識を持つことが有効となる。社内外に「場」を設ける重要性は、多くの経営者が指摘している。テルモでは、イノベーション創出のために、従業員同士が徹底的に議論する機会として、所属やバックグラウンドの異なる異色の4人を集める場を設けている[17]。また、前川製作所では、定期的に合宿を行い、ビジネスや未来について従業員同士が語り合う場を提供している[18]。その際、3対2や4対1といった多数決ではなく、5対0で皆が納得するまでとことん議論を行う。その議論を通じて、企業として脱皮を重ねて、成長を続けていくために必要な「新しい何か」を見つけ出している。

社内において、経営者と従業員、あるいは従業員同士が交流を深め、ディスカッションできる場を設けることによって、社内の既存資源の新活用・新結合の可能性を探し、次のイノベーションの種を発見する活動は、革新を継続させるうえで重要である。同時に、社外において、同業他社や他業種と交流する場を設けることで、新鮮な刺激を受ける活動も効果的である。社内の場が濃密な交流の機会だとすれば、社外の場は希薄な交流の機会と言える。この薄く広い交流は、「The strength of weak ties（弱い紐帯の強み）」[19]と呼ばれ、イノベーション創出に有効であることが1970年代から繰り返し指摘されている。官学を含め、社外との多様な交流の機会は、即効性の観点からは軽視されがちだが、種蒔きの観点からは重要となる。一見、時間の浪費とも思えるようなネットワークが、実は次の革新の種になりうる。それこそ、異なる企業の経営者同士、従業員同士のプライベートな集まりであっても、革新の継続にとって大きな意義を持つことになる。

現場に立つビジネスマンが革新を探すプロセスには、「常識の壁」[20]と「ラテラルシンキング」[21]という2つのマーケティング・インサイトが役に立つ。前者は、意識的に常識の壁を取り払うもので、市場や業界、自社の常識から抜け出すために有効となる。普段、「仕方ない」と自社や顧客が諦めているものに対して諦めずに取り組む。自社や業界で当然のこととして受け止められてきた「思い込み」を否定してみる。自社や顧客が課題として認識しながらも、「我慢」するものだと受け入れてきた課題の解決を目指す。暗黙に「無理」だ、理想論だ、と選択肢から外してきたことに挑戦する。疑いを持たなかった「ルーティーン」を批判してみる。日々の業務の中で無意識に当然視してきたこれらの常識を、意識して疑い、壁を崩す発想が、次の新しい何かを見つけ出すインサイトとなる。

もう1つのラテラルシンキングは、あえてロジックから外れた、非論理的な思考に基づいて、新しい何かを探索するものである。製品、サービス、ビジネスモデルの一部を別の何かで「代用」できないか。弱みを強みにしたり、役割を逆にしたり、上下左右を逆にしたり、といった「逆転」の発想はできないか。既存の特徴をさらに「強調」してみてはどうか。あるモノと別のモノを「結合」させてみるとどうなるか。弱みや機能をいっそのこと「除去」してみたらどうなるか。そして、順序の「並べ替え」はどんな変化を生み出すか。なぜそうするのか、というロジックはいったん置いておき、試しに変えてみることで、ロジックだけでは辿り着けない新しい何かに出会う可能性を生み出すインサイトにつながる。

註

1 ——東洋経済ONLINE「「アクションカメラの英雄」は1億ドルをどう使う？」を参照。（https://toyokeizai.net/articles/-/38235）

2 ——DJIは、2005年創業の中国のドローン製造企業。世界シェア7割を獲得するドローン市場の圧倒的なリーダー企業となっている。

3 ——永井・恩藏（2013）を参照。

4 ——パイロットコーポレーション「ニュースリリース『10周年の感謝を込めて。フリクション発売10周年記念キャンペーン』のお知らせ」を参照。（http://www.pilot.co.jp/press_release/2017/01/18/1010.html）

5 ——クリステンセン（2001）。

6 ——クリステンセン（2001）。

7 ——クリステンセン、レイナー（2003）を参照。

8 ——日経×TECH「親譲りの「借金王」となったPepper君、打開策はあるか」を参照。（http://tech.nikkeibp.co.jp/it/atcl/watcher/16/110700001/071300041/）

9 ——H.I.S. GROUP「変なホテル」を参照。（https://www.hennnahotel.com/）

10 ——日経ビジネスONLINE「アパレル「店舗の価値は店員」論のもろい前提」を参照。（http://business.nikkeibp.co.jp/atcl/opinion/16/092900020/100300005/）

11 ——Boston Consulting Group「両利き経営」を参照。（https://www.bcg.com/ja-jp/publications/collections/your-strategy-needs-strategy/ambidexterity.aspx）

12 ——日本経済新聞「ホンダジェット、セスナ主力機抜き首位　17年納入機数」を参照。（https://www.nikkei.com/article/DGXMZO27230730S8A220C1000000/）

13 ——生活家電.com「ハイアール、9年連続で大型白物家電カテゴリーで世界No.1を達成」を参照。シェアは2017年の数値。（http://www.seikatsukaden.com/?p=20928）

14 ——シュミットなど（2014）を参照。

15 ——グジバチ（2018）を参照。

16 ——スリーエム「製品開発ヒストリー ポストイット・ノートChapter 2」を参照。（http://www.mmm.co.jp/wakuwaku/story/story2-2.html）

17 ——新宅（2015）を参照。

18 ——恩藏・永井（2017）を参照。

19 ——Granovetter（1973）を参照。

20 ——恩藏（2017）を参照。

21 ——コトラー、ベス（2004）を参照。

Ⅲ

How to realize **"INNOVATION"** ?

☑ Chap. 7 **Innovate**

☑ Chap. 8 **Global Innovation**

☑ Chap. 9 **Open Innovation**

☑ Chap. 10 **Innovator**

Chapter 7

革新となるルート

Innovate

1 キャズムを超え、トルネードに乗る

第Ⅱ部を通じて、消費者と企業にとってイノベーションがどのような存在か、についての共通認識が形成できたことだろう。第Ⅲ部では、イノベーションの創出に関わるさまざまなキーワードを手掛かりとして、革新の実現へのルートを紹介していこう。

1つの市場において、新しい何か（Something New）は世に出て、顧客に価値として受け入れられ、広く普及することでイノベーション（Innovation）となる。ここでは分かりやすくするために、一般消費者をターゲットとしたB2C[1]のイノベーションを前提に話を進めていく。新しい何かに対して、すべての消費者が同時に受け入れてくれるわけではない。イノベーションの創出までには、いくつかの段階を経る必要がある（図7-1）。

まず、新しい何かに対して、誰よりも先に反応するのが「革新者」と呼ばれる消費者たちである。彼らは、新し物好き、マニア、ヲタクと呼

図7-1▸イノベーションへの道のり

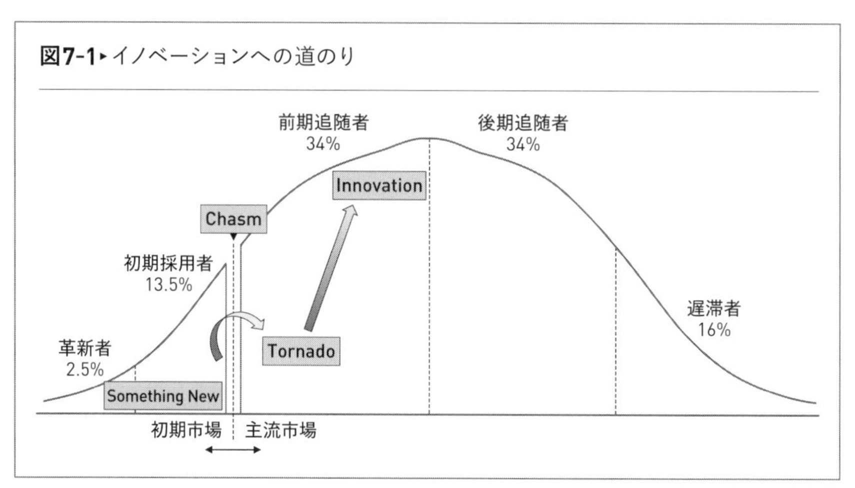

出典：ムーア（2002；2011）を基に筆者作成。

ばれるような存在で、新奇性の高いモノに対してアンテナを高く張っており、情報収集と入手に努めている。一方で、周囲の他者に対する影響力は弱いという特徴を持つ。その次に続くのが、「初期採用者」である。彼らは、他者よりも早くに物事の価値を見極めて手を出していく人々で、コミュニティにおける強い影響力を備えたオピニオン・リーダー[2)]であることが多い。新しい何かの普及拡大、つまりイノベーション創出を狙う企業にとって、オピニオン・リーダーとして周りの人々へ影響を与えられる初期採用者を獲得するためのマーケティング戦略は重要となる。この革新者と初期採用者を合わせた16%の消費者群が、初期市場である。

初期市場では、プロダクトの新奇性や面白さが優先され、ある程度の品質の低さや使いづらさは容認される。直感的な面白さや、従来の枠組みや限界を超える可能性、あるいはその両方を強く発信するマーケティング戦略が普及拡大を導く。しかし、初期市場で高い評価を得たことに安心して、ここでのマーケティング戦略を継続させていると、大きな失敗に直面してしまうこととなる。なぜなら、初期市場に続く、残り84%の消費者たちが形成する主流市場では、評価傾向が大きく異なるからだ。この初期市場と主流市場の境界にある断絶は「キャズム(Chasm)」[3]と呼ばれ、多くのプロダクトがキャズムに落ちて消えていく。

キャズムを超えるためには、「前期追随者」、「後期追随者」、「遅滞者」で構成される主流市場が重要視する、新たな評価傾向に基づいたマーケティング戦略への更新が必要となる。初期市場では大目に見てもらえた低品質や使いづらさを早急に克服して、完成度を高めた「ホールプロダクト」[4]に改良することは必須条件である。加えて、一定の信頼性と使いやすさ、コストパフォーマンスを備えたホールプロダクトを、まずは特定のターゲット層に重点的に発信する戦略への移行が有効となる。欲を張ってマス(全体)向けにせずに、ニッチ(局所)向けのホールプロダクトとして顧客を獲得することが、キャズムを超える足場となる。

キャズムを超えた先にある主流市場では、慎重な前期追随者、懐疑的な後期追随者、そして保守的な遅滞者たちが待っている。前期追随者を急速に獲得し、ライバル企業を吹き飛ばし、既存の市場構造を大きく揺るがす普及加速段階は、「トルネード(Tornado)」[5]と名付けられている。キャズムを超え、このトルネードに上手く乗ることによって、新しい何かは一気にイノベーションとなる。トルネードに乗るためには、ライバル他社から徹底的にシェアを奪い取る戦略の実行、販売網の急速拡大、そして供給能力の向上が有効となる。トルネードに乗り、イノベーションとしての確かな地位を確立した後は、顧客志向を強化するマーケティング戦略へ軌道修正していくことによって、イノベーションの寿命は延命される。

こうしたキャズム、トルネードといった概念は、もともとはハイテク製品を対象に考えられたものである。ただし、あらゆる市場でデジタル化が進んでいる現状と未来を考えれば、イノベーション創出のためにマーケティング戦略を更新していく上記プロセスは、多くのケースに該当するはずである。

現在進行形で新たなイノベーションへと突き進んでいる事例として、スマートスピーカーを紹介しよう。従来のスピーカー機能に加えて、搭載するAI（Artificial Intelligence／人工知能）アシスタントが常時ネットワーク接続することでさまざまな機能を発揮するスマートスピーカーの先駆者であり、市場リーダーでもあるのがアマゾンのAI「Alexa」を搭載した「Amazon Echo」だ。Amazon Echoは、2014年11月に本体価格199ドル（Amazon Prime会員は99ドル）で北米における発売が開始された[6]。発売当初は音声に対応可能なスキル数はごくわずかであり、2016年1月時点でも130スキルにすぎなかったが、同年6月に1,000、2017年3月には10,000を突破し、2018年3月時点で30,000スキルを超えるまでに、加速度的に性能を向上させていっている。2016年3月には廉価版の「Amazon Echo Dot」、ポータブル版の「Amazon Tap」を発売し、同年9月にはイギリス、ドイツに販売を拡大するなどして、普及拡大に成功を収めている。

Amazon Echoは2016年に1,100万台、2017年には2,200万台を販売し、スマートスピーカー市場の成長を牽引している[7]。スマートスピーカー市場には、アルファベット（グーグル）の「Google Home」が2016年11月、マイクロソフトの「Invoke」が2017年10月、アップルの「Home Pod」が2018年2月と、続々とプレーヤーが増えてきている。2017年時点の世界シェアはアマゾンが70%を占め、次にアルファベットが18%で続いている。世界全体での普及は、2017年の3,300万台から、2018年には5,600万台を超えていくと予測されている[8]。

2018年4月時点、北米において、18歳以上の5人に1人にあたる4,700万人がすでにスマートスピーカーを保有しており[9]、保有者の65%は手放したくないと答えている[10]。北米のある家庭では、自宅に3台のAmazon Echoを置いているという。リビングルーム、仕事部屋、ベッドルームに1台ずつ置き、音楽を楽しんだり、照明や空調を操作したり、買い物リストやその日にやることを管理したり、あるいはAmazonで日用品を購入したり、と実にさまざまな機能を発揮するガジェットとして生活に浸透させている。その家庭で育った6歳の娘は、スマート機能を搭載していない車の中で「アレクサ、私のお気に入りの曲を再生して」と言っても何も起こらないことを不思議に思い、両親はその姿に笑ったという。スマートスピーカーの浸透した生活では、リモコン操作という習慣は消える。そして、車内にも新たに4台目のAmazon Echo Dotを置いて、音楽、通話、メッセージ送信、ニュースの確認や、Alexaとの会話を楽しんでいるそうだ。これは2017年7月の記事に書かれていたことである[11]。

対して、日本では2017年10月にGoogle Home、11月からAmazon Echoの日本語対応版の発売が開始された。国内企業では、ラインの「Clova WAVE」も同時期に発売が開始されている。2017年段階での日本におけるスマートスピーカーの普及率は8%とされている[12]。

スマートスピーカー市場では、先発優位性に加えて、Amazon Prime等の自社サービスとの連携を強みとしてアマゾンが大きくリードしてきたが、ここにきてアルファベットが猛追を見せている。2018年第1四半期における世界のスマートスピーカー販売数は900万台で、前年同期の290万台から約3倍に跳ね上がったが、そのうち320万台はアルファベットのGoogle HomeとHome Miniでトップを記録し、アマゾンのEchoシリーズは250万台と次点に退いた。グーグルの躍進の背景には、積極的な広告展開や多様な販売チャネルが指摘されており、特にアマゾンをビジネス上のライバルと捉える小売業者などは、アマゾンよりもグーグルの製品を前面に出す場合が多いことも一因となっている。なお、2018年第1四半期に販売された900万台を国別に見ると、アメリカの410万台、中国の180万台、韓国の73万台がトップ3となっている[13)]。一般家庭における照明やテレビなどの家電、自動車、あるいは小売店やホテルなどのサービス現場。これらの心臓部としてもスマートスピーカーの市場は拡大を続けており、激しい椅子取り合戦が行われている最中である。

2 革新の周回遅れ

Amazon Echoをはじめとするスマートスピーカーの事例を紹介したが、ここからは3つの示唆が導き出される。まず1つには、スマートスピーカーは目前にある次のイノベーションであり、また近未来の多くのイノベーションの核となる重要な存在であることだ。スマートスピーカーはまだ英語圏の数カ国におけるイノベーションだが、中国語圏、スペイン語圏、そして日本においてもイノベーションとして普及が進み、近い将来にグローバル・イノベーションとなることは間違いない。また、スピーカー単体としてではなく、ライフスタイルのICT（Information and Communication Technology）化、住まいのIoT（Internet of Things／モノのインターネット）化のカギとなる存在として、自動車、住宅、飲食店、ホテルのフロント・客室などに埋め込まれる形で浸透していくだろう。

2つ目に、日本が世界の流れから取り残されやすい実態を、スマートスピーカーの事例は如実に表している。スマートスピーカーは、アメリカではすでにキャズムを超えてトルネードに乗っている段階だが、日本では3年遅れで始まったばかりである。近年、イノベーション創出の担い手はアメリカの企業であることが多い。そのため、当然のことながら、英語圏に向けたプロダクト開発が行われる。第二言語を含めて、英語を利用する消費者の数は17.5億人で、世界の4人に1人である[14)]。人口の大きさは市場規模を決定づける一要因であり、英語圏向けのプロダクト開発が優先されるのは必然と言える。対して、日本語は日本人1億人強だけが利用する言語で、他と比べて難解な言語としても有名であり、海外企業にとって日本語対応版の開発は優先順位が低いものとなっている実態もまた不思議なことではない。

一方、中国はというと、国民だけで13億人以上が存在する巨大市場であり、世界で利用者数が最も多い言語が中国語である。加えて、中国市場は海外企業の参入が制限される特殊な環境となっている。そのため、スマートスピーカーにおいてもアマゾン、アルファベット（グーグル）は思うような市場参入ができておらず、国内企業による競争が繰り広げられている。2016年1月から国産のスマートスピーカーが続々と発売され、2018年3月にはアリババ（阿里巴巴）の「Tmall Genie」、シャオミ（小米科技）の「Xiao AI」、バイドゥ（百度）の「Raven」といった国内主要企業からの主力製品が出揃い、普及拡大が進んでいる。

アメリカはイノベーション創出の先鋒となり、中国は即座に中国版を市場投入して自前で国内にイノベーションを広める。対して、日本は自前でイノベーションを創出できず、海外から日本対応版が入ってくるのを待つ形となっているケースがどんどんと出てきている。その結果、日本では世界から数年遅れてイノベーションが始まっていく状況が増えている。これは、グローバル競争として考えれば、イノベーション戦略において周回遅れになっていると言っても過言ではない。

アメリカと中国では、まず社会にプロダクトを出してみて、後から手直しをしていく、という姿勢が革新を生み出している[15]。新しい何かを、最初から完璧なプロダクトとして社会に送り出そうとは、そもそも考えていない。それは、完璧なものになるまで時間をかけてしまっていたら、ライバル企業に先を越されてしまうからだ。MVP（Minimum Viable Product）と呼ばれる一定の品質を備えたプロダクトにまで仕上げたら、いち早くリリースして、消費者の反応を確かめる。そして、反応に応じて改善し、再リリースする。このプロセスを誰よりも短サイクルで回すことができた企業が勝者となっている。

世界最大級のビジネス特化型SNS「LinkedIn」の創業者リード・ホフマンは「最初のプロダクトが恥ずかしいものでないとしたら、それはリリースが遅すぎた証拠だ」と、まずはリリースすることの重要性を強調している[16]。これは、競争スピードが加速し続ける現在の市場環境において、競争に勝つために求められる企業戦略の基盤になっていると言える。それに対して、日本企業は完璧主義を偏重してしまう傾向が強い。昔ながらの美徳とも考えても良いが、現在のスピード感に合わせられない冗長さとも考えられる。加えて、日本の消費者は最初から完璧なプロダクトであることを偏重する傾向が強い。完璧でないとわかるとネガティブ情報が拡散されてしまい、必ずしも総意ではないネガティブ情報に対して企業は過剰反応を示し、更なる完璧主義を目指して速度を失う。革新を生むためのチャレンジすらできない悪循環に陥っている。企業と消費者の完璧主義のどちらが先かは、鶏が先か卵が先かの話になってしまうが、これも日本がイノベーション後進国となっている大きな要因の1つとなっている。

アマゾンは無人コンビニ「Amazon Go」を2018年1月にアメリカの

シアトルでオープンした。スマートフォンにダウンロードした専用アプリのQRコードを、入り口のゲートにかざして入店すると個人が特定される。店内には多数のカメラやセンサーが配置されており、棚からどの商品を取ったかがリアルタイムで識別されていく。手に取った時点で買い物かごに入れたものとみなされ、ゲートを通過して店外に出ると自動的に購入手続きが行われる。実際に買い物かごを持つ必要はなく、自分のバッグに直接入れていいし、レジに並ぶ必要もない。財布を出す必要もなく、ゲートを出るとアプリを通じて自動で決済が行われる。中国でも、2017年から数多くの企業が無人コンビニをスタートさせている。なかでも、ベンチャー企業Deepblue Tech（深蘭科技）は、中国のEC最大手のアリババと飲料メーカー最大手のワハハ（娃哈哈）社と共同で無人コンビニ「Take Go」をオープンし、今後3年間で10万店舗、10年間で100万店舗の展開を目指している。入店の際、パネルに手のひらをかざすことで、手のひらの情報とモバイル決済アプリ「Alipay」がリンクされる。店内で商品を取り、退店時にもう一度手のひらをかざすことで購入手続き完了となる。オープン時点では自動販売機のような規模で、追加的な手間もかかるというが、すでに中国のイオン店舗内における導入も予定されており、機能水準の向上と多店舗展開が同時並行されていくだろう[17]。対して、完璧主義の日本では、レジの自動化の実証実験が進められている段階である。コンビニの無人化や、購入時の手のひら情報の登録といった取り組みは、いったい何年後に実現するだろうか。

グーグルは、カメラに映したモノを自動認識して関連情報を表示するアプリ「Google Lens」に、2018年から「Smart Text Selection」と「Style Match」という2つの機能をバージョンアップさせた[18]。前者は、カメラで映した文字情報をテキスト変換する機能である。学生ならば講義のノート・テイキングがますます不要になり、ビジネスマンであれば資料作成がさらに効率化されるし、海外旅行客は文字情報の翻訳・理解の助けとなるだろう。後者は、リアルタイムで画像内のモノを認識し、その関連情報や類似商品を提案する機能である。店の外観を映すだけでその店のレビュー情報が表示されたり、犬を映せば即座に犬種を教えてくれたり、人が着ている洋服の類似商品の提示・購入までが1ストップでできるようになる。分からないことがあったとき、文字で検索する「ググる」が現在の当たり前だが、次の当たり前はGoogle Lensに映して調べるという新しい「ググる」になるかもしれない。そして、リリース時点におけるGoogle Lensは日本語には対応しておらず、アップル製品にも非対応である。つまり、日本語を使い、アップル製品が大好きな日本人は、ここでも大きく取り残される可能性が高い。

スマートスピーカーから見えてくる3つ目の示唆は、イノベーションをグローバルに普及させることの難しさである。上述の言語の壁に加えて、文化や慣習の壁、規制の壁など、1つの市場で創り出したイノベーションを世界に広げることは想像以上に困難である。スマートスピーカーでさえ、既存の慣習を変えることに対する抵抗感などの理由から、日本における普及スピードは緩やかなものになると予測されている。これに関連して、続いてはイノベーションの創出という視点からグローバル戦略を再考してみよう。

註

1 ──B2Cとは、Business to Consumerの略語で、一般消費者向けの取引を指す。企業向けは、B2B (Business to Business)。

2 ──オピニオン・リーダーとは、大衆から多かれ少なかれ憧れられたり、頼られたりする人々で、大衆に対してポジティブな影響をもたらす。反対に、ネガティブな影響をもたらす人々は、オピニオン・ディスリーダーと称される。

3 ――ムーア（2002）。

4 ――ホールプロダクトとは、「ターゲット顧客が“ぜひ購入したい”と感じるに十分な、最低限の中身を備えた製品やサービス」である（ムーア 2011、p.37）。

5 ――ムーア（2011）。

6 ――ロボスタ「Amazon EchoとAlexaの歩みを時系列でまとめてみました」を参照。（https://robotstart.info/2017/05/08/amazon-echo-alexa-matome.html）

7 ――Forbes JAPAN「Amazon Echo、2017年は「2,200万台」販売予測　昨年から倍増に」を参照。（https://forbesjapan.com/articles/detail/18345）

8 ――voicebot.ai「56 Million Smart Speaker Sales in 2018 Says Canalys」を参照。（https://www.voicebot.ai/2018/01/07/56-million-smart-speaker-sales-2018-says-canalys/）

9 ――TechCrunch「アメリカでは成人5人に1人がスマートスピーカーを利用中―Voicebot.aiの調査によればユーザー数は4,730万人」を参照。（https://jp.techcrunch.com/2018/03/08/2018-03-07-47-3-million-u-s-adults-have-access-to-a-smart-speaker-report-says/）

10 ――NATIONAL PUBLIC MEDIA「THE SMART AUDIO REPORT」を参照。（https://www.nationalpublicmedia.com/smart-audio-report/）

11 ――BUSINESS INSIDER JAPAN「トヨタ、アマゾンの音声AI「Alexa」導入へ―すでに6カ月間、車に置いて使っている私の評価は？」を参照。（https://www.businessinsider.jp/post-35042）

12 ――ITmediaビジネスONLNE「上陸から半年「スマートスピーカー」は日本市場に定着したのか」を参照。（http://www.itmedia.co.jp/business/articles/1804/03/news122.html）

13 ――Forbes JAPAN「スマートスピーカー市場に異変、グーグルが出荷台数トップに」を参照。（https://forbesjapan.com/articles/detail/21297）

14 ――Harvard Business Review「Global Business Speaks English」を参照。（https://hbr.org/2012/05/global-business-speaks-english）

15 ――シュミット、ローゼンバーグ、イーグル（2014）を参照。

16 ――馬田（2017）を参照。

17 ――GloTechTrends「中国無人コンビニが日本上陸!?　手のひら認証コンビニ「Take Go」運営企業「Deepblue Tech」のCEOがイオンとの提携を示唆!?」とBCN RETAIL「Amazon Go対抗の無人店舗、日中共同で拡大目指す」を参照。（https://glotechtrends.com/take-go-and-aeon-171212/）、（https://www.bcnretail.com/market/detail/20180319_55050.html）

18 ――Google「Google Lens」およびGigaZINE「スマホカメラを向けるだけで情報を出してくれる「Google Lens」に写した文字のテキスト変換が可能になる新機能が追加」を参照。（https://www.blog.google/products/google-vr/google-lens-real-time-answers-questions-about-world-around-you/）、（https://gigazine.net/news/20180509-google-lens-update/）

Chapter 8

グローバル・イノベーションへのルート

Global Innovation

1 イノベーションに立ちはだかる国境

1つの国、1つの市場でイノベーションとなったプロダクトであれば、グローバルにどこでも通用する、と考えるのは大きな間違いである。ドメスティックなイノベーションが、グローバル・イノベーションとなるまでには、多くの壁が立ちはだかる現実を直視する必要がある。例えば、温水洗浄便座[1)]は、日本において普及率80%を超えるイノベーションだが、欧米・アジア諸国いずれにおいても普及は進んでいない。中国の一般家庭において、温水洗浄便座の普及は始まっているものの、実際に利用している者はほとんどいないのが実態だ。同様に、全自動食器洗浄機は、北米においては普及率90%を超えるイノベーションとなっているが、日本においては30%程度にとどまっている。洗浄機能が不十分である、という大昔の先入観が残っているためか、キッチン周りのスペースが狭いためか、日本では住宅購入時の選択オプションの1つという立ち位置にすぎない。既存の価値観や慣習を変えるようなイノベーションほど、普及には高いハードルが付いて回る。

Uber（ウーバー）も良い例である。アメリカ、ロサンゼルスの国際空港LAXから市街へタクシーで出ようとすると、大勢の人々がスマートフォンをのぞき込んで待っている姿が見られる。かつてはタクシー乗り場でイエローキャブを待つのが当たり前だったが、現在では大半がUberを待っている。Uberのサービスは以下のようなものだ。自身の位置情報のもとに、タクシー運転手という職業にはついていない一般消費者が自家用車で迎えに来てくれて、目的地まで届けてくれる。現在地と目的地の位置・道路交通情報から乗車前に料金は確定しており、目的地に着くと自動でアプリ上での決済が行われる。乗客とドライバーのリアルタイムでのマッチングの他に、位置を指定した配車予約も可能である。このサービスの普及によって、現金を取り扱わないことから強盗のリスクは減り、利用者とドライバーの相互評価の仕組みによって遠回りや過剰請求もほぼ不可能となった。

2009年に創業されたウーバーのライドシェアサービスは、2010年の開始以来、2017年5月までに50億回の乗車が行われるほどに急成長を遂げた[2)]。アメリカ、サンフランシスコから始まったサービスは、世界70カ国、500都市を超えて利用されるまでになっている。ウーバーにつづく第二のライドシェアサービスとして、Lyft（リフト）も急成長している。アメリカのドライバーの多くはUberとLyftの両方に登録しており、ユーザーとドライバーの双方にとって、よりフレンドリーなサービスとして、Lyftの支持が高まっている。

アメリカの空港には「App Ride」というタクシー・アプリ専用ゾーンが設けられ、当たり前の移動手段として広く普及している。しかし、日本においては既存タクシー業界からの反発、一般乗用車のタクシー転用に対する規制などから、普及は思うように進んでいない。また、中国では中国版ウーバーと言えるディディ・チューシン（滴滴出行）がウーバー・チャイナをすでに買収しており、ディディの寡占市場となっている。

マーケティング戦略と言っても、目標や市場によって必要とされる戦略の中身は大きく異なることは、これまでに見てきたとおりである。同様に、グローバル戦略と言っても、その実態を一括りにすることはできない。グローバル企業、あるいはグローバル戦略と名を付けたくなるが、誤解や思い込みを生まないようにするためには、一括りに呼ぶべきではない。グローバル企業、というと聞こえが良いかもしれないが、世界で偏ることなく活躍している企業こそがグローバル企業だとしたら、グローバル企業を真に名乗れる企業は世界でもごくわずかである。北米、欧州、アジアの3地域において、本社所在地域からの売上が5割以下かつ他2地域からの売上がそれぞれ2割以上をあげている「グローバル企業」は、2001年時点で世界にわずか9社のみだった[3]。

グローカルという言葉が一時期良く用いられたが、「Think global. Act local.」や「Think locally. Act regionally. Leverage globally.」[4]と言われるように、具体的な市場戦略は市場の特徴に合わせて構築・実行する必要がある。さらに、中国市場と言っても、2つの特別地区、4つの直轄都市、5つの自治区、23の省、という34地域で構成される中国に対して、中国戦略と言い切ることは難しいだろう。中国という1つの国のなかでも、地域が変われば制度も慣習も異なる。それは、50の州で構成されるアメリカも同様であり、日本国内において東京と大阪、沖縄と北海道ではライフスタイルや嗜好性が異なることと同じ発想を持つ必要がある。

1997年創業のアメリカのNetflix（ネットフリックス）は、世界最大手のVOD（Video On Demand）サービスに急成長を遂げた。北米における

Netflix加入者は5,000万人を超え、2017年時点すでにケーブルテレビ加入者を上回った[5]。世界190カ国でサービスを展開し、会員数は1億人を突破している。会員数5,000万人のアメリカのHulu（フールー）、VOD目的に限らないが会員数1億人を突破したアマゾンのAmazon Prime、という2つのサービスが後を追っている状況だ[6]。創業からわずか20年で世界最大の放送局と化したNetflixには、配信作品のラインナップ、オリジナル作品制作などさまざまな強みがあるが、ここで特筆したいのは最大24言語での吹き替えと、500以上の字幕を提供している点だ。グローバルなサービス展開のために、いかにローカル対応を重要視して投資を行っているかがわかる。

イノベーションの国境を越えた普及に際して生じる特殊な現象として、「リープフロッグ」についても触れておこう。リープフロッグとは、カエル飛びのように、段階を飛び越えて一気にイノベーションが浸透する現象を指す。先進国から発展途上国、新興国へとイノベーションを移行させる際に生じるもので、固定電話がない社会にいきなり携帯電話が普及していったアフリカ、パソコンの普及を経ずにスマートフォンが普及した中国、ハイブリッド車を飛び越えて電気自動車が普及していっているインド、などが良い例である。

現在進行形のリープフロッグであり、それゆえに日本が大きく出遅れてしまっているのが、キャッシュレス化だ。現金を扱わずに、クレジット決済やアプリ決済で取引を行うキャッシュレスは世界中で進行している。キャッシュレス先進国は北欧で、特にスウェーデンでは決済額ベースの98%が現金以外で取引されている[7]。2012年に大手11銀行が共同開発したモバイル決済サービス「Swish」がキャッシュレス化の火付け役となっており、その利用率は50%を超える。「現金お断り」という店が当たり前のように存在する社会になってきている。

キャッシュレス化は、消費者サイドの利便性や企業サイドの効率化・ビッグデータ利用に加えて、すべてを履歴化する側面から、不正蓄財・脱税の温床の強制排除や強盗事件の大幅減少といった治安維持管理のメリットも大きい。キャッシュレス化の浸透を受け、インドや欧州では高額紙幣の廃止が予定されている。中国におけるモバイル決済率は38%で、特に都市部ではアリババ（阿里巴巴）のAlipay、テンセント（騰訊）のWeChat payといったモバイル決済がすでに当たり前のものとして使われている[8]。地方においても、デビットカードである銀聯（ぎんれん）カードでのカード決済が支払いの主流となっている。東アフリカのケニアではさらに高く、モバイル決済率が70%を超えているという。

このキャッシュレスのリープフロッグにはさまざまな要因が絡み合っている。まず、ATM等の現金インフラを構築するよりも、モバイル決済を普及させる方が早く安く、容易だった点がある。スマートフォンの普及と同じタイミングで、モバイル決済を普及させられた点も大きかっただろう。また、アリババによる「Alipay利用で代金キャッシュバック」や「無現金週間キャンペーンで、毎日88万人に純金プレゼント」といった、力技のマーケティング施策も原動力となった。

アメリカは、2016年時点におけるモバイル決済率は5.3%と低いが、カード決済の慣習は前もって浸透しており、キャッシュレス決済率は41%である。Google Pay、Apple Payの普及が進められているが、それでも中国やインドに比べれば、意外にもまだまだモバイル決済率は低い。そしてそれ以上に低いのが、日本である。日本のモバイル決済率は6%、キャッシュレス決済率は23.6%と、世界的に見て極めて低い数値となっている[9]。その背景には、キャッシュレス化を推し進められない企業サイドの要因や、駅やコンビニにATM網が張り巡らされていて、いつでも現金が引き出せる便利な環境にいることによる消費者サイドのニーズ不足という要因もあるだろう。そもそも、既存慣習を捨てて新しいモノや便利なモノをすぐに受け入れる国民性の違い、言い換えれば従来の慣習を大きく変えることに対する抵抗感の違いも、日本におけるキャッシュレス化の遅さの大きな要因である。国内大手のLINE Pay、楽天ペイ、ベンチャー企業オリガミによるOrigami Pay、あるいは海外のApple Payなど、日本のモバイル決済市場は群雄割拠で、現在進行形で市場拡大と陣取り合戦が繰り広げられている。

2 途上国から先進国への逆流

世界規模で考えると、一般的に、イノベーションは先進国で創出され、先進国における一定の普及を経た後に、発展途上国・新興国へ拡大させてグローバル・イノベーションとなる。先進国のニーズに沿って創出されたイノベーションをベースに、機能や品質を少し低下させた低価格版を途上国・新興国へ広める。これはグローカル、あるいはグローカリゼーション[10]と呼ばれる戦略として多くの企業が広く活用している。前述したのはこの流れだが、近年、逆に途上国で生み出されたイノベーションが先進国にもたらされる「リバース・イノベーション」[11]という概念が注目を集めている。

先進国市場と途上国市場では、市場環境やニーズが大きく異なり、先進国向けのビジネスモデルや低価格版プロダクトが受け入れられないケースが増えてきている。また、低価格版のプロダクトそのものが競争力を持つこと自体が容易ではなくなってきた。多くの先進国企業は、最高品質でプレミアム価格の最高級品を「10」としたとき、「8」の上級品と「7」の良品をラインナップに揃えて展開する。そして、途上国市場向けにはさらにグレードダウンさせた「5」の価格と品質のものを適正商品として導入しようとする。ところが、この適正商品が、途上国現地の企業との競争に敗れるケースが出てきた。

その理由は、途上国市場のボリュームゾーンの消費者にとって「5」の価格は高すぎ、「5」の品質は低すぎるからである。また、途上国の富裕層は、先進国の消費者と変わらない購買力を備えており、求めているのは最高級品である。先進国の企業が、上から目線で値踏みしてしまう途上国市場のニーズは、現地の実態と乖離しているケースがしばしば起きている。現地企業の競争力向上も相まって、先進国のプロダクトを安易にグレードダウンさせる戦略は通用しにくくなっている。成功を掴むためには、先進国での成功体験はブランド価値を除いていったん捨て、プロダクトやビジネスモデルを一から途上国用に設計し直す必要がある。そして、その途上国での成功を、新しいプロダクト、ビジネスモデルとして先進国に逆輸入するルートが、リバース・イノベーションである[12]。

世界最大の小売企業であるアメリカのウォルマートは、中央アフリカや南米といった途上国市場への進出に際して、アメリカ型の大型小売店での出店戦略を取らない意思決定をした。アメリカ型の出店戦略は、自動車で来店して一度に大量のまとめ買いをする消費者がメインターゲットだったが、そうした消費者が当該地域には極めて少なかったためである。徒歩、自転車、原付バイクあるいはバスを利用して来店してきて、少量の買い物を行う貧困層が多い地域で、広大な駐車場を兼ね備えた大型店はフィットしない。小型店が求められる途上国の地域特性を踏まえ、一から小型ストアの出店戦略が構築された。そして、現地での成功を2011年にアメリカへ逆輸入させていった。途上国市場で新規に構築した小型ストアのビジネスモデルは、これまでウォルマートがアメリカ市場で展開してきた大型ストアのビジネスモデルとは真逆のものだったが、大規模小売店市場の飽和、賃料の高い都心部における優れたコストパフォーマンス、過疎地域における出店戦略といったケースに適した戦略となった。強力な商品調達能力・物流能力に支えられたウォルマートの小型ストアは、先進国市場においても高い競争力を発揮している[13)]。

スイスのLogitech International（ロジテック・インターナショナル）社は、キーボードやマウスといったPC周辺機器をグローバルに展開しているが、中国市場では現地企業の攻勢に遭った。ロジテックが中国市場に投入したワイヤレス・マウスは50ドルの良品と149ドルの最高級品だった。ワイヤレス・マウスの心臓部となるチップの性能（使用可能範囲、速度、周辺にある他の機器からの干渉の遮断性など）や操作性、人間工学に基づいたデザインを追求するプロダクトを先進国市場で展開しており、途上国の市場戦略も同様の形で展開した。しかし、そこに中国現地のベンチャー企業であるRapoo（ラプー）社が後発で、15ドルのワイヤレス・マウスを投入してきたのである。2008年に登場したラプーの低価格マウスは、使用可能範囲と遮断性という2点においてロジテックの良品と同水準のものだった。実は、当時の中国市場のニーズは2つの特徴があった。1つは、ノートPCをテレビにつないで無料のインターネット動画を見る習慣があるため、離れた座席からマウスをリモコンとして使用できるだけの使用可能範囲を備えていること。もう1つは、都心部の壁の薄いマンションでも、隣の部屋の機器からの干渉を受けない高い遮断性を備えていることだった。その他の機能の水準がいくらか低くとも、この2点の現地ニーズに特化していたラプーの低価格マウスは、中国市場で大きく受け入れられ、シェア獲得に成功した。

この事態を受け、ロジテックは2009年3月に対策チームを設置し、半年以内にラプーに対抗できるプロダクトを一から開発する取り組みをスタートさせる。徹底的に現地の顧客志向に基づいた製品開発体制に見直し、19.99ドルという新価格帯のワイヤレス・マウスを実現した。ロジテックにとって、これまでの自社の方針を覆す戦略とプロセスを経たこの新プロダクトは、ある意味で自己否定の産物であったが、同社内における激しい議論の末、2010年2月に欧州、4月にはアメリカに逆輸入する形で販売に踏み切った。それから1年後、このマウスは世界で450万個を超える販売台数を記録する大ヒットを記録した[14)]。

こうしたリバース・イノベーションは、先進国において力を持つ大企業を主体としたイノベーションとして考えられている。その創出には、次の2つの取り組みが不可欠となる[15)]。1つは、人材、権限、資金、関心といった要素で、組織の重心を途上国市場内に移すことだ。先進国を心臓部として途上国に血を送る、のではなく、途上国に新たな心臓をつくるのである。もう1つは、現地市場のニーズを徹底的に把握することだ。言語はもちろん、価値観や生活習慣、流行といった「現地の当たり前」に精通した人材が、プロジェクトの中心に関わっていなければならない。外から二次情報として見聞きすることと、内に入って自ら体験する一次情報として精通することには大きな違いがある。

発展途上国、あるいは急速に発展を進める新興国はこれまで、先進国で普及した仕組みやプロダクトを横展開させれば攻略できる易しい市場としてだけ見られてきた。しかし、リバース・イノベーションの概念によって、途上国市場の競争環境やニーズに基づいた解決策を創り出すことで、他の途上国市場や先進国市場など、世界中の市場の課題解決にとって有効となる可能性があることが分かった。そのため、GEやネスレ、P&G、コカ・コーラといった多くの巨大企業が、リバース・イノベーションの実践に努めている。

■註

1 ――ウォシュレットはTOTO、シャワートイレはLIXILの商標である。
2 ――UBERニュースルーム「世界で広がるライドシェア：50億乗車を突破しました」を参照。（https://www.uber.com/ja-JP/newsroom/5billion/）
3 ――Rugman and Verbeke（2004）を参照。
4 ――Starbucks Coffee 2012 Biennial Investor Conferenceを参照。（http://media.corporate-ir.net/media_Files/irol/99/99518/FullPresentationSICPresentationFinal125.pdf）
5 ――PRONEWS「Netflixの米国加入者数、ついにケーブルテレビ超え」およびBUSINESS INSIDER JAPAN「8,500億円の巨額予算！ネットフリックス vs. アマゾン 激突する配信ビジネス」を参照。（https://www.pronews.jp/news/20170619164941.html）、（https://www.businessinsider.jp/post-163979）
6 ――日本経済新聞「米アマゾン「プライム会員」が1億人突破　会員数を初めて公表」およびIT mediaNews「Hulu、有料会員数が1,700万人突破　総会員数は5,400万人以上」を参照。（https://www.nikkei.com/article/DGXLASFL19H0S_Z10C18A4000000/）、（http://www.itmedia.co.jp/news/articles/1801/10/news082.html）
7 ――TechCrunch「スウェーデンの現金使用率は2%―、キャッシュレス社会への賛否」を参照。（https://jp.techcrunch.com/2017/03/01/20170226cash-is-no-longer-king/）
8 ――WEDGE Infinity「中国でキャッシュレス化が爆発的に進んだワケ」を参照。（http://wedge.ismedia.jp/articles/-/10450）
9 ――日本生命「第94回　日本におけるモバイル決済の利用率は6%」および東洋経済ONLINE「日本が現金払い主義からまるで脱せない理由」を参照。（https://www.nissay.co.jp/enjoy/keizai/94.html）、（https://toyokeizai.net/articles/-/213258）
10 ――「グローカル」はグローバル（Global）とローカル（Local）、「グローカリゼーション」はグローバリゼーション（Globalization）とローカリゼーション（Localization）を組み合わせた造語。世界規模で発想し、地域単位でフィットするように実行していく。ゴビンダラジャン、トリンブル（2012）や徐（2014）では、先進国で生み出したプロダクトを、微修正した廉価版として、途上国・新興国に広めていくという「先進国 → 途上国」の枠組みとして紹介している。
11 ――ゴビンダラジャン、トリンブル（2012）。
12 ――ウィンター、ゴビンダラジャン（2015）を参照。
13 ――ゴビンダラジャン、トリンブル（2012）の事例を参照。
14 ――ゴビンダラジャン、トリンブル（2012）の事例を参照。
15 ――ゴビンダラジャン、トリンブル（2012）を参照。

Chapter 9

オープン・イノベーション

Open Innovation

1 オープン・イノベーションの前提条件化

家電や自動車に代表される「made in Japan」はグローバルで一時代を築いたが、それらの多くは、自社だけが持つ技術やノウハウによって生み出すクローズド・イノベーションだった。自前主義を貫き、自社単独で生み出すイノベーションは、人材が流出しない限り、技術やノウハウのブラックボックスを守ることができ、ライバル企業による模倣を防ぐことができたからだ。このクローズド・イノベーションは「日本のお家芸」とも言えるものだが、近年ではその成功体験に固執するあまり、外部と手を組んでイノベーションを早く安く、短サイクルで生み出し続ける海外企業の後塵を拝している日本企業の姿が見られる。自社単独で生み出すクローズド・イノベーションに対して、外部の企業（取引先、同業他社、異業種）や自治体、研究機関、あるいは一般消費者と共同で生み出す革新がオープン・イノベーション[1]である。

顧客ニーズの多様化、市場の競争環境の激化、製品ライフサイクルの短命化、そしてグローバル競争の本格化が進み、企業に「次のイノベーション」が求められるスピードは早まり続けている。特に製品開発ステージにおいて、自社単独ではもはや競争優位を獲得し続けることが困難となり、「いかに外部と連携しつつ開発を行うか」もしくは「いかに外部から獲得しつつ開発を行うか」というアプローチに軸足を移す企業が増えている。つまり、自社の持つ資源に固執するクローズドな開発から、外部と提携したオープンな新製品開発へと開発体制を移行させてきている。ここでは企業同士のオープン・イノベーションについて、大企業同士、大企業と中小企業、そして大企業とベンチャー企業による事例をそれぞれ紹介しよう。

東レでは2002年から、自前主義からの脱却を研究・開発方針として掲げ、オープン・イノベーションの推進に取り組んでいる。NTTとの健康管理素材の開発、ボーイング（アメリカ）との航空機向け炭素繊維の開発、ダイムラー（ドイツ）との自動車向け炭素繊維の開発、サムスン電子（韓国）とのスマートフォン向け電子材料の開発など、国や製品ジャンルの垣根を越えた幅広い取り組みを進めている。特に知名度の高い事例として、ファーストリテイリング社（ユニクロ）とのオープン・イノベーションで誕生した発熱保温肌着「ヒートテック」がある。東レとユニクロは、2000年のGO推進室設置から関係が始まり、2006年からは戦略的パートナーシップを締結している。ユニクロからの要望に応えるため、東レが累計1万回もの試作を繰り返した末に、ソフトな肌触りと保温効果の両立を実現させたヒートテックは、2003年の発売以来、爆発的な大ヒットを記録している。2017年9月までの15年間で、世界累計10億枚以上を売り上げた。2009年には、極細の糸の利用と特殊加工によって通常のダウン衣料の1／3の重さを実現した軽量ダウン「ウルトラライトダウン」を発売し、こちらの累計販売枚数は2012年度までの3年間で3億枚を超えている。これらは大企業同士によるオープン・イノベーションである[2)]。

オランダのフィリップス社は、2010年に油を使わずに、空気と熱の力で揚げ物を作ることができる調理家電「ノンフライヤー」を発売した。ノンフライヤーは世界100カ国以上で販売され、発売開始から4年間で約320万台を売り上げたが、これは大企業と中小企業によるオープン・イノベーションである[3)]。フィリップスでは2005年から油を利用せずに揚げる技術の研究開発を進めていた。一方、オランダの中小企業であるAPDS社が、高温の熱風の循環を利用して短時間での調理を可能とする技術の開発に成功した。APDS社は2009年には試作機を完成させ、最初にドイツのブラウンに持ち込んだが、製品化には至らなかった。フィリップスは、オープン・イノベーションの仲介を専門とするNineSigma（ナインシグマ）社を活用して、このAPDS社と提携し、1年後に製品化されたものがノンフライヤーである。オープン・イノベーションの形式を取らなければ、製品化までにもう1年間は余計に時間がかかったという[4)]。

また、大企業とベンチャー企業によるオープン・イノベーションも急速に増えてきている。大企業にとって、クローズドには持続的イノベーションに注力しておき、ベンチャー企業とのオープンな場で破壊的イノベーションに挑戦する、という形式はバランスを保ちやすい「両利き」となるからだ。ベンチャー企業にとっても、大企業の資金やノウハウ、ブランドや信頼を利用した成長機会として有益なものとなる。例えば、ソニーはVC（Venture Capital）[5)]のウィル（WiL）社と、2014年に合弁会社キュリオ（Qrio）を設立してスマートロック分野に、2017年には合弁会社アンビー（ambie）を設立して新奇性の高いイヤフォン製品の市場投入に、それぞれ乗り出している。ソニーでは、オープン・イノベーションのパートナーと合弁会社を設立することで、社内の品質基準やブランド・イメージに縛られない開発体制を整えている[6]。日本IBMのBlue Hubインキュベーション・プログラムや、富士通のアクセラレータ・プログラムのように、大企業がスタートアップ企業の成長を支援するプログラムを通じて、オープン・イノベーションのパートナーとなりうるベンチャー企業を探す取り組みも活発に行われている。

加えて、大企業がCVC（Corporate Venture Capital）[7]を立ち上げ、ベンチャー企業への投資を通じて、オープン・イノベーションのパートナーを見つけたり、投資対象の企業同士をマッチングしてオープン・イノベーションを誘発させたりする活動も熱を帯びてきている。大手商社の三井物産は、2018年3月期に4,400億円の過去最高益を見込むが、連結純利益の約7割を資源関連が占める事業構成の刷新を図っている。資源に代わる新たな柱の候補となっているのがベンチャー投資で、全社的に推し進めている。同社はICT事業本部を中心に、2018年4月時点で約60社への出資を行っている。2012年から経営企画部がイノベーション推進制度でベンチャー投資を加速させ、2017年には年間200億円規模の資金枠を用意してベンチャー投資を加速させた。加えて、2017年5月にデジタル技術の活用を推進する最高責任職CDO（Chief Digital Officer）を設けたことを契機に、イノベーション推進案件だけでなく、各営業本部でも積極的にベンチャー投資の案件を探す傾向を強めた経緯がある。2015年に東大発の人工衛星ベンチャーのアクセルスペースやアメリカの食品ベンチャーHampton Creek（ハンプトンクリーク）、2016年にメルカリ、2017年に不動産ベンチャーのリノベる等をはじめ多くの国内外のベンチャー企業への投資を行っている。さらに、2018年にはシリコンバレーのVC、G2VP社が運営する投資ファンドに対して約50億円を出資し、製造業やエネルギー、農業、運輸などをデジタル化する技術を持ったベンチャー企業への投資を増大させている[8]。

このように、オープンな形でイノベーション創出を目指す活動は活発化してきている。このオープン・イノベーションのメリットとしては、主に次の3つがあげられる。1つ目に、外部と連携することで、開発に要する時間を短縮化し、開発コストを抑えることが可能となる。2つ目に、自社単独では利用できなかった資金、技術、設備、ノウハウといった経営資源を活用することができるようになる。そして3つ目に、自社単独では十分に活用しきれてこなかった社内資源を、外部と連携することで初めて活用できるチャンスが得られる。

一方で、4つのデメリットも指摘されている。まず、技術やノウハウの流出リスクがある。自社の技術やノウハウを外部と共有する以上は避けられないリスクだが、このリスクを過度に恐れて出し惜しむとオープン・イノベーションの成果はあがらない。次に、プロジェクト管理の難しさがある。自社単独の場合と比べて、打ち合わせ、開発、意思決定等の進行が難しくなる。現実的には、どちらか片方がコントロール権を持って進めることになりやすいが、支配的な上下関係が生まれてしまうと互いのためのオープン・イノベーションとはなりにくく、モチベーションや生産性の低下を招く。また、スムーズに連携ができないことで、クローズドの場合には必要のなかった時間や手間、コストがかえって追加的に発生してしまうリスクもある。そして、オープン・イノベーションに頼りきることで、自社単独での開発能力が衰退していき、外部との連携が切れたときに、イノベーションを生み出せなくなってしまうリスクもデメリットとしてあげられる[9]。

こうしたオープン・イノベーションのデメリットは、取り組みの現実を代弁したものと言える。前述のような成功事例の影には、数多くの失敗事例があるからだ。トップからの指示で形だけの対応になったり、事業創造にまで結びつかないアイデア・マッチング止まりになってしまったり、実態を伴わないメディア上での発信だけだったり、というケースは決して少なくない。また、シリコンバレーの視察は実施するもののツアーをしただけで満足していたり、VCファンドへ出資することで形の上でオープン・イノベーションに取り組んでいるつもりになっていたり、コラボレーション・オフィスをつくってみたもののマネジメント・ノウハウを持ち合わせていなかったり、といったケースは現実のものとして点在している[10)]。こうした失敗経験から、オープン・イノベーションを敬遠する企業も出てきている。しかし、現在進行形で進んでいるAI（Artificial Intelligence／人工知能）、IoT（Internet of Things／モノのインターネット）があらゆるプロダクト、消費者とのコンタクト・ポイント、およびビジネスシーンに入り込む時代は、言わばオープン・イノベーションが前提条件化した競争環境となる。AI、IoT、製品、サービスのすべてを自前で調達できる企業など存在しないからだ。そのため、オープン・イノベーションを敬遠することは、この先の競争環境で自らを劣勢に置いてしまうことに他ならない。

2 ユーザーを起爆剤／潤滑油とする

オープン・イノベーションは、イノベーションの創出を早く安く、かつ継続的に実現させる手段として重要視されており、さらにこの先、企業が常に選択肢として持っておくべき存在にまでなることについて述べてきた。前節では企業間のオープン・イノベーションについて詳しく取り上げたが、続いては企業と消費者が共に創り上げるオープン・イノベーションについて見ていこう。

企業と消費者によるオープン・イノベーションは、「ユーザー・イノベーション」[11]と呼ばれる。B2Bのユーザー・イノベーション（企業と、その取引先企業）は、前節で見たオープン・イノベーションに含まれるため、ここではB2Cのユーザー・イノベーションに焦点を当てる。

企業が顧客である一般消費者のニーズやアイデアを探し、拾い上げ、プロダクトの開発や改良に役立てていく。そうした活動自体は、オープン・イノベーションやユーザー・イノベーションといった言葉が広く使われるようになるずっと以前から、実は頻繁に行われてきた。例えば、プロダクトや技術に精通している革新者や初期採用者たちの意見や使用経験に基づいて「新しい何か」を見つけていくリード・ユーザー法[12]は古くから用いられている。同様に、ユーザーを集めて1対1で詳しくニーズや利用場面について深堀りするデプス・インタビューや、5名程度のユーザーを集めてディスカッションしてもらうグループ・インタビューといった定性調査。不特定多数の消費者の意識や傾向をアンケートで調べる定量調査。あるいは、消費者の行動やプロダクトの使用場面を、調査員が目で見て確認したり、人力に代わってビデオ・トラッキング、ウェアラブルセンサー、GPSロガー、アイ・トラッキング等の手段で追跡したりする観察。こうしたマーケティング・リサーチを通じて「新しい何か」を模索する活動は、企業が顧客ニーズを把握する手段として一般的に行われてきた。

あるいは、プロダクトの販売後のアフター・マーケティングでもユーザーの声は集められてきた。ユーザーからの問い合わせに対応するコールセンターはその代表例だ。コールセンターの存在は軽視されることもあるが、ユーザーとの直接の接点であり、真のニーズを把握できる場所としてより重要視されるべきである。日本におけるコールセンター業務の9割は外注あるいは非正規社員の業務となっているのに対して、欧米における比率は3割だという[13]。コールセンターに寄せられる苦情、怒り、グチの中に、実は次の「新しい何か」の種が隠れているが、その種を拾い上げる仕組みづくりはまだまだ不十分であるのが実態だ。

特にベンチャー企業にとって、カスタマー・サポートはプロダクト改良に欠かせない宝の山であり、顧客に対して直接的な体験価値を提供するチャンスでもある。迅速かつ心配りの利いたカスタマー・サポートは、それ自体がプロダクトの差別化要因となる。そして、MVP（Minimum Viable Product）としてプロダクトを急いで市場に出してから、改良を続けて完成度を上げていくプロセスをたどるにあたって、どのようなユーザーが、どのような使い方をしていて、どのような問題か出てきたのかを事細かに教えてもらえる機会は極めて貴重となる。そのため、ネット・サービスを提供するアメリカのベンチャー企業Wufoo（ウーフー）では、「どれだけ直接ユーザーと関わったか、が製品のデザインを決める」という信念のもと、エンジニアが持ち回りで顧客サポートを行う体制を取っている。エンジニアは活動時間の30%をカスタマー・サポート業務にあてており、同社では「サポート駆動開発」と呼ぶこの体制を競争優位の獲得に結び付けている[14]。

以前から実施されてきた上記のような取り組みがあるなかで、近年、ユーザー・イノベーションが注目を集めている背景には、「共創マーケティング」の存在がある。共創とは、企業と消費者が中長期的な関係を築き、相互理解を深めるプロセスを通じて、新しい価値を生み出すことであり[15]、そのための手法が共創マーケティングとなる。共創マーケティングではユーザーをターゲットではなくパートナーとして捉え、プロダクトやサービス、ブランド・イメージなどを企業と消費者が共に創りあげていく。企業が完成形をつくって価値を消費者に届ける一方向的な従来のマーケティングに対して、共創マーケティングでは企業の提案に顧客が反応し、その反応を受けてさらに企業が提案を行うような循環型の価値形成が行われる。Wikipedia、YouTube、および各種SNSは、この共創を前提に成り立っているサービスとして考えられる。なぜなら、それぞれの「場（プラットフォーム）」[16]は企業が提供したものだが、それ自体の存在だけでは価値は低く、その場に多くのユーザーが集まって利用（投稿・書き込み）が進むことで初めて価値が高まるからだ。GoPro HEROも、この共創に通じる要素を持っている。GoPro HEROを利用して撮影した映像を公開し合う多数のユーザーの存在があってこそ、GoPro HEROの価値は高まっていった。

共創マーケティングは、インターネットの普及で「場」の創出が容易となったことによって、活用が加速している。SNSのように場そのものがサービスとなるケースに加えて、企業がブランドのコミュニティ・サイトをつくり、そのホームページ上で企業と消費者が交流を深めるケースが多い。例えば、カルビーの「じゃがりこ」のユーザーが集まって期間限定味の検討などを行う場の「じゃがり校」、トヨタのスポーツカー「トヨタ86」のユーザーが交流を深めて峠の情報・評価を共有したり、オフ会の開催を企画したりする場の「86 SOCIETY」などがある。

スターバックスは、2008年からいち早くコミュニティ・サイト「My Starbucks Idea」を開設し、共創の取り組みを行ってきた。2007年に業績不振を経験したスターバックスは再生に向けた7つの取り組み[17]に着手したが、そのうちの1つが「顧客との心の絆を取り戻す」ことであり、その手段となったのがコミュニティ・サイトだった。スターバックス・ファンたちが望む製品やサービスのアイデアを募集し、それらを実現していく同サイトには、開設後1年間で7万件以上ものアイデアが寄せられた[18]。いかにスターバックスに期待しているファンが潜在していたか、そしてこの取り組みに共感をしたかが分かるだろう。その後7年間で19万件のアイデアが集まり、その中からドリンク・フードの新メニューや、店内無料Wi-Fi、ハッピーアワー、モバイル決済といったサービスなど、300以上が実現されている。

前述のリード・ユーザー法では、企業がリード・ユーザーを探す必要があり、探し出すことが非常に困難であるという現実があった。それに対して、企業が場を用意し、リード・ユーザーに自らその場へ出てきてもらえる仕組みを構築することで「新しい何か」を見つける方法は、「クラウドソーシング法」[19]と呼ばれる。このクラウドソーシング法はリード・ユーザー法よりも効率的かつ継続的に実施できるため、前述の事例のように、多くの企業が着手している。

コミュニティ・サイトにリード・ユーザーを集め、密接なコミュニケーションを取ってクラウドソーシング法の共創マーケティングをいち早く実践してきた企業として、良品計画がある。無印良品ブランドを展開する良品計画は、2000年から「モノづくりコミュニティー」を開設し、ユーザーとともに商品開発を行う取り組みから「持ち運びできるあかり」や「体にフィットするソファ」などのヒット商品を生み出した。2009年にはコミュニティを「くらしの良品研究所」に刷新し、さらに密なユーザーとの交流の場としている。サイト内の「IDEA PARK」ページでは、「新着リクエスト」と、「ストック済み」の中に「見直し中」、「できました」、「販売中」という4つのステータスに分けて、ユーザーのニーズ（書き込みコメント）すべてに対して個別回答を行っていき、製品化への道のりをユーザーとともに辿っていく仕組みが巧みに構築されている[20]。

2010年の創業からわずか5年で売上1兆円を突破した、中国の家電メガ・ベンチャーであるシャオミ（小米科技）も、自社のスマートフォン製品の開発にあたって共創を強く取り入れている。シャオミはコミュニティ・サイト「MIUI」[21]を開設し、ユーザーから「新たに搭載希望の機能は何か」、「改善希望の箇所はどこか」などについてアイデアを募集し、新製品開発に取り入れている。また、通常ならば表には出さないソフトウェアのテストに関しても、ユーザーから希望者を募集して実施してきた。例えば、ユーザーがカメラ機能に関する問題を書き込むと、他のユーザーも経験していれば「私もあった」ボタンが押される。こうした書き込みの提案、バグ発見、アクセス時間といった貢献度に応じてユーザーにはポイントが配布され、その上位者は発売前に新製品を低価格で入手できるボーナスが設けられている。自身が開発に関わったスマートフォンを、誰よりも先に入手して利用できることから、シャオミとリード・ユーザーたちの間にはWin-Winの関係が構築されている[22]。

また、ユーザー・イノベーションを仲介するサービスも増えてきている。2011年に創業したブラボ(Blabo)は日本最大規模の共創マーケティング・プラットフォーム「Blabo!」を運営し、ハウス食品やロッテ、ライオン、三井不動産レジデンシャルといった大企業からの提案を「お題」として、お題に対する「実現アイデア」を一般消費者から募る場を提供している。これまでに23,000人のユーザーの声から数多くのプロダクト、サービスが生み出されてきた。中古車販売サービス「ガリバー」を展開するイドム(IDOM)社は、Blabo!にて「女性に対して効果的な車の展示方法」というお題を出した。そのお題に対して一般消費者から寄せられたアイデアが、色別展示だった。そして、色別展示を実践してみたところ、狙い通り女性客の売上が増加する成果が得られた。これまで、自動車にこだわる男性向けにブランド順で陳列することは当然視されていたが、そもそも自動車ブランドの認知率が低い女性客にとっては、色別で分かりやすく陳列されている方が有効だったのである。企業単独では気付けなかった「何か」を、消費者が教えてくれた[23]。

このように、ユーザーのアイデアを起爆剤として企業がプロダクトを生み出したり、ユーザーのアイデアが企業の提案の価値を引き上げる潤滑油となったりする形で革新を創り出すユーザー・イノベーションは、共創マーケティングとともに企業へ浸透しつつある。インターネットの整備された環境、スマートフォンというガジェットの普及、SNSというサービスの浸透によって、消費者の声はどんどんと大きなものになってきている。また、声が大きくなったことで、自身の声を他者や企業に届けたいという消費者の欲求そのものも膨らんできている。消費者が本音を声高に言いたがっているという現状は、ニーズを探し続ける企業にとって望ましい状況であり、本音を集める手段や場の提供はますます重要になってきている。

註

1 ――チェスブロウ(2004)。

2 ――尾関(2012)、日経ビジネスONLINE「東レ 日覺昭廣の「オープンイノベーション」」、およびユニクロ・プレスリリース「今年で15年目を迎える「ヒートテック」、世界中の人々を暖め続け、累計販売数10億枚に」を参照。(http://business.nikkeibp.co.jp/article/report/20150128/276838/)、(http://www.uniqlo.com/jp/corp/pressrelease/2017/09/17092514_ht.html)

3 ――ただし、知名度の認知は進んでいるものの、製品普及率の観点から言えば、ノンフライヤーがイノベーションとして認められたと言い切ることはできない。

4 ――NEDO「オープンイノベーション白書　初版」、CSCSCS「オープン・イノベーションモデルを採用する」、星野(2015)、および永井(2017)を参照。(http://www.nedo.go.jp/library/open_innovation_hakusyo.html)、(http://3cspj.com/2015/12/15/cs019/)

5 ――VC、CVCについては、詳しくは第Ⅰ部第2章「2　ベンチャーを育むプレーヤー」を参照。

6 ――事業構想PROJECT DESIGN ONLINE「1,200社が語ったオープンイノベーション「18の壁」」を参照。(https://www.projectdesign.jp/201708/new-business-

success/003843.php)

7 ──VC、CVCについては、詳しくは第I部第2章「2　ベンチャーを育むプレーヤー」を参照。

8 ──日経ビジネスDIGITAL「三井物産、ベンチャー投資の焦燥」、日本経済新聞「商社、スタートアップに接近　三井物産　米ファンドに出資」を参照。(http://business.nikkeibp.co.jp/atcl/NBD/15/depth/040900995/?ST=pc)、(https://www.nikkei.com/article/DGXMZO3016172007052018TJ2000/)

9 ──永井(2014)を参照。

10 ──Biz/Zine「「オープンイノベーションごっこ」の功罪、「リニア思考」を脱却できない人の"ジレンマ"」を参照。(https://bizzine.jp/article/detail/2428)

11 ──Hippel (1988)。

12 ──Hippel (1986)。

13 ──永井(2010)を参照。

14 ──馬田(2017)を参照。

15 ──池田・山崎(2014)を参照。

16 ──場を利用したプラットフォーム戦略については、第IV部第11章「2　戦略を継続的に脱皮させる」にて後述。

17 ──Forbes「Starbucks, Reinvented: A Seven-Year Study On Schultz, Strategy And Reinventing A Brilliant Brand」を参照。(https://www.forbes.com/sites/hbsworkingknowledge/2014/08/25/starbucks-reinvented/#234db1a30d0c)

18 ──Social Media for Business Performance「My Starbucks Idea: The Starbucks crowdsourcing success story」を参照。(http://smbp.uwaterloo.ca/2015/02/my-starbucks-idea-the-starbucks-crowdsourcing-success-story/)

19 ──ハウ(2009)。

20 ──池田・山崎(2014)の事例を参照。

21 ──MIUIは、シャオミのOS名でもある。

22 ──徐(2014)を参照。

23 ──ブラボ・ホームページ、および日本経済新聞「ヒット生む素人の知恵袋、原点はママとNY」を参照。(https://bla.bo/)、(https://www.nikkei.com/article/DGXMZO90273580X00C15A8000000/?df=2)

Chapter 10

イノベーター

Innovator

1 イノベーターDNAを育む

ここまでイノベーション創出へのルートについて紹介してきたが、第Ⅲ部の締めくくりとして創出の担い手となるイノベーター（Innovator）へと話を進めよう。イノベーションを、革新的な企業が生み出してくれる他人事として、受け取る消費者としてだけ考えてもいいが、自らがイノベーションを生み出すイノベーターになる、という立ち位置もある。また、経営者やマネージャーの視点からは、「いかにイノベーターを育成するか」は自社のイノベーション能力に直結するため、大きな経営課題の1つである。

まずは、どのような人材がイノベーターにあたるのか、を考えていこう。アルファベット（グーグル）社では、ビジネスマンを5つに分類している[1]。最も革新的なビジネスマンは、社会に魔法をかけるかのように変革を起こしていく力を持つ「変革層」と呼ばれる。次に、変わるかどうかを自問自答しながら、試しに実験と工夫を繰り返す行動に移している「実践層」がいる。後に続くのが、変えたい、そのためにはどうすれば良いか、と思考を巡らせはするものの、実行力と勇気が不十分で考え止まりの「変えたい層」。そして、このままじゃいけない、と課題を自覚はできていても、半ば諦めて受け入れている「気づいた層」。現状に満足していて、変化の必要性に気付くことができない「ゆでガエル層」がいる。この5つのうち、変革層、実践層、変えたい層という上位3グループの人材は、イノベーターとなる可能性を期待できる。

人材を3つの段階で考えることもできる[2]。まず、現在の延長線上に未来があると考える「ルール・フォロワー」がいる。フォロワーは、現時点の環境を分析し、敗者の敗因を踏まえて、勝者の後をついていくことが正解だと信じている。次に、現在の延長線上にいたままでは未来は難しいと考える「ルール・ブレイカー」になる。ブレイカーは、現時点での勝ちパターンが近い未来に当てはまらなくなると予見し、勝ちパターンを壊す方法を探していく。そして、現在の延長線上に未来はないと断言する「ルール・メーカー」へと進む。メーカーは、既存の微修正にはとどまらず、新しい場を創っていく。減点評価で物事の粗、欠点を探していくのではなく、加点評価で新しい価値をいかに創り上げるかに集中できる人材である。

また、イノベーターと言っても同じ役割を果たすばかりではなく、4つのタイプがある[3]。革新的で、自ら企業を立ち上げていく「スタートアップ起業家」。企業に勤めながら、そこで革新的な事業を立ち上げていく「企業内起業家」。具体的な製品、サービスにおいて革新的なプロダクトを開発する「製品イノベーター」。そして、製品開発体制やビジネスモデルといったパートにおいて、革新的なプロセスを編み出す「プロセス・イノベーター」は、それぞれに立場や働き方は異なるイノベーターである。

こうしたイノベーターを採用・育成していくうえで、個人が生まれ持った遺伝的性質が、スキルに全く関係ないとは言いきることはできない。研究では、IQ[4]は遺伝によって受け継がれる側面が大きいという。一方、革新を生み出す創造性に関しては「生まれより育ち」であり、イノベーターに必要なスキルの約2／3は、後天的な学習で獲得可能となっている[5]。

しかし、自身で「創造的になりたい」と願っても、あるいは部下に「創造的になれ」と命令しても、それだけで人材がひとりでに創造的に成長できるものではない。鍛えるべきスキルを適切に鍛えることによって、個をイノベーターに育成し、企業としてイノベーションを生み出すルートが実現される。3,500人を超える起業家と新製品開発担当者への調査から、イノベーターのDNAとして以下の5つのスキルが導き出された[6]（図10-1）。この5つのスキルは、先天的なものではなく、後天的に育成可能なものとされている。

まず、5つのスキルが発動するための前提条件として、「イノベーションに取り組む勇気」を持たなければならない。革新を起こすからには、現状に異議を唱えることを恐れてはいけない。また、リスクの全く存在しない挑戦はありえなく、リスクを取ることを過度に恐れてはならない。ただし、何でもかんでもリスクを取る命知らずではなく、周辺情報や失敗した場合のコスト感覚を備えたスマート・リスクを取る勇気である。そして、失敗を恐れずに乗り越える姿勢が重要となる。アメリカのデザインコンサルタントのIDEO（アイディオ）社では、早く成功を掴むために失敗を重ねることが奨励されている。早く小さな失敗を経験し、失敗から学び、大きく成功すれば良い。

この勇気を持ったうえで、5つのスキルを磨いていく必要がある。1つ目は、「関連付ける力（Associating）」である。これは、バラバラの疑問

図10-1▸イノベーターDNAモデル

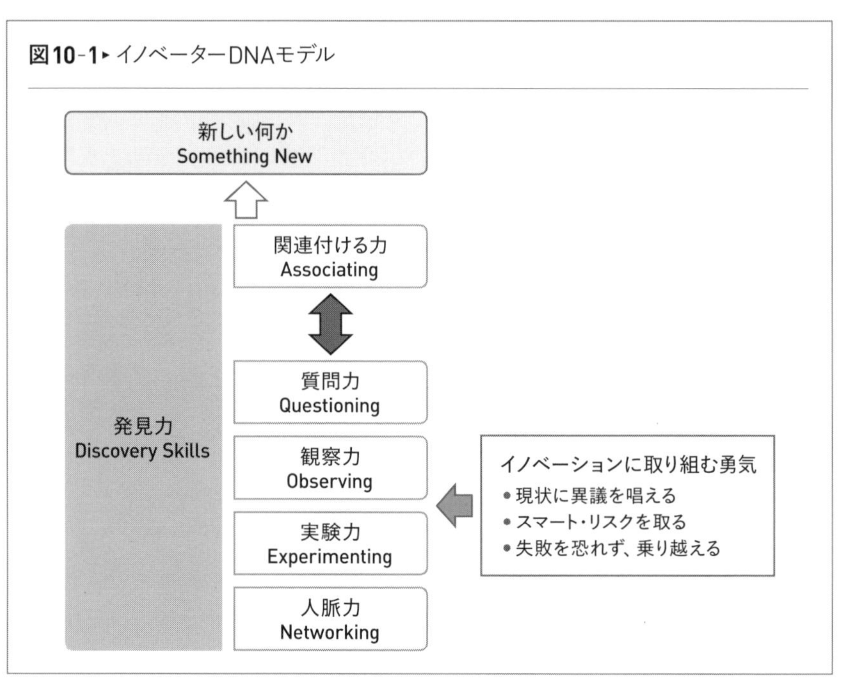

出典：クリステンセンなど（2012）p.31を基に筆者作成。

や問題意識、アイデアを結びつける力で、イノベーターDNAの基盤となる。関連付ける力を鍛えることで、他の4つの力も育まれる。また、他の4つの力で得た知見を結び付けることで、新しい何かを見つけることができるようにもなる。斬新な発想に辿りつけるイノベーターは、一般の人が無関係だと決めつけて見過ごすようなアイデア、課題、ジャンルを広く柔軟に結びつける思考力に長けている。

2つ目は、「質問力（Questioning）」である。既存の常識を疑い、当たり前とされている物事を鵜呑みとせずに疑問を抱くスキルである。「もしこうなったら、どうなるだろう」と考える癖をつけて、「なぜ」や「もしも」といった問いかけで前提を崩す思考法が重要となる。イノベーターは、問題意識の持ち方が上手く、疑う切り口が鋭い。通常の会話において、思いつく回答よりも質問の方が多いことが望ましい。また、「こんな質問をしたら、馬鹿だと思われる」や「失礼で、協調性に欠けていると思われる」といった言い訳で質問から逃げることはやめて、質問を投げかけることを躊躇しない姿勢が求められる。

3つ目は、「観察力（Observing）」である。人やモノを注意深く観察する癖をつけ、受け売りで納得した振りはせずに、自らの目で繰り返し観察することによって発見につなげていく。一般消費者（潜在顧客）から顧客、ファンまで、あるいは自社、同業他社、他業種の製品、サービス、ビジネスモデル、技術について日常的に観察し、何かしらのサプライズを探す。意外、不思議、理解不能、という感想を抱いたら、そこが現状打開の突破口となる。

4つ目は、「実験力（Experimenting）」である。思い立ったら試しに動いてみる力、と言い換えても良い。失敗を恐れずにまずはチャレンジし、行動してみたり、試作品を作ってみたりすることがイノベーターとしての一歩目となる。新たな体験に飛び込んだり、新しいアイデアを試してみたりする行動力を指す。

そして5つ目が、「人脈力（Networking）」である。1人の孤高の天才は、アイデアを思いつくことはできても、それをビジネスとして社会に広く普及させることはできない。「コネ」というと聞こえが悪いかもしれないが、「コネクション」を広げていき、多種多様な人脈を刺激、発見、獲得、拡大のために活用する力は、イノベーターにとって不可欠なスキルである。アルファベット社では、自身の専門領域を持ったうえで、別の専門領域の他者やコミュニティとつながることができるコネクション・スキルを持った「H型人材」を重要視し、積極的に登用している[7)]。

革新的な人材は、そうでない人と比べて、こうした行動（質問、観察、実験、人脈）に1.5倍もの時間を費やしているという[8]。そして、行動で得た気づきを関連付けて、新しい何かを生み出していく。関連付ける力、質問力、観察力、実験力、人脈力という5つのスキルを育むことによって、イノベーターDNAが形成され、発見力に優れたイノベーターとなることができる。

2 組織としての創造性

個がイノベーターとなるためには、前述の5つのスキルを磨くこと、およびそれが許される働き方・評価制度の整備が有効となるが、それでは企業という組織に話を広げるとどうだろう。イノベーションの創出に優れた企業は、第II部第5章「2　世界のイノベーションの現在地」で取り上げられたランキング上位企業ということになるが、それではアップル、アルファベット（グーグル）、アマゾンといった企業はなぜ革新性が高いのか。組織単位でのイノベーターについても考えていこう。

組織における多様性の高さがイノベーション創出に有効であることは、多くの研究で指摘されてきた。多様なアイデアと価値観を持つ多様な人材を組織に集めることで、そして彼らが安心して新しい考えを生み出せる場と、考えをぶつけ合える場を提供することによって、組織の創造性は高めることができる。これはメディチ効果と呼ばれるものである。15世紀のイタリアで、メディチ家がフィレンツェに哲学者、科学者、詩人、彫刻家、画家、建築家といったさまざまな分野の人材を集めたことによって、創造的な爆発が生まれ、ルネサンス（文化復興）が生じたことに由来する。多様性の集積を企業内で実現することは革新の創出に有効であり、また、これを地域単位で実践しているのがアメリカのシリコンバレーであり、中国の「北上杭深（北京、上海、杭州、深圳）」だと言える。

ただし、多様性を備えていたからといって、ブクブクと膨れ上がった巨体では望ましくない。筋肉質で引き締まった、小さな体の方が生産性に優れており、迅速な行動や軌道修正が可能となる。企業として成長を続けて規模を拡大したとしても、事業の売上が急激に伸びたとしても、プロジェクトに当たるチーム単位の規模は小さいままが適している。このことを、アマゾンのCEOジェフ・ベゾスは「ピザ2枚のルール」として提唱している。1つのチームは、ピザ2枚で足りるほどの規模に留めておくことで、創造的であり続けられる[9]。

また、近年ではイノベーションを統括するCIO（Chief Innovation Officer）を設ける企業が出てきている。企業という組織全体でイノベーションを志向していこうとする現れとも言えるが、1人の経営幹部が画一的にマネジメントして革新を生み出そうとする姿勢に対して、アルファベット社は疑問を投げかけている[10]。上から押さえつけた管理をした組織からは、革新は生まれにくい。革新的な人材に対して、わざわざイノベーションを生み出せと命令する必要はなく、革新を生み出す活動を行えるだけの時間、業務、権限、評価における自由を組織として提供すれば良い。多くの場合、革新はトップダウンではなく、ボトムアップで生まれる。

組織としてイノベーションを生み出していくにあたって、イノベーターがいるだけでは不十分である。イノベーターによって生み出された新しい何かは、実行力に秀でたマーケターの存在によって、ビジネスとして実現され、イノベーションとなっていく[11]。マーケターには、分析力、企画立案力、行き届いた導入力、規律ある実行力といった、イノベーターとは異なるスキルが求められる。そのため多くの場合、組織においてイノベーターとマーケターは同一人物ではない。1人の人材が必ずしも、イノベーターとマーケターの両方のスキルを発揮する必要はなく、役割分担ができるチームを形成すれば良い。「アイデアは思いつくだけでは価値がなく、行動に移して初めて価値が生まれる」とよく言われるが、「行動できるかどうか」は、「行動できるパートナーと手を組むかどうか」と置き換えられる。

1995年に創業された、世界最大規模のインターネット・オークション・サービスを展開するeBay（イーベイ）社も、イノベーターとマーケターの役割を明確に分けることで成長を遂げていった[12]。イノベーターであり、創業者であったピエール・オミダイアは、自らにマーケターとしての実行力が不足していることを自覚し、早期にスタンフォード大学MBA[13]のジェフ・スコールとハーバード大学MBAのメグ・ホイットマンという実行力に秀でた2人のマーケターを仲間に加えた。2人のマーケターは、イーベイのホームページのデザインや構成をより洗練なものに変え、固定価格オークションの制度を導入し、サービスの海外展開を推し進め、自動車などのカテゴリー拡張を進め、PayPal[14]などの重要な機能を組み込む、といった分析、企画立案、導入、実行を強力に実現した。同様に、フェイスブックの創業者でありCEOのマーク・ザッカーバーグも自らはイノベーターとして力を発揮する傍ら、マーケターとして当時グーグルでグローバル＆オペレーションを担当する副社長だったシェリル・サンドバークをCOO（Chief Operating Officer）として仲間に加えた[15]。そして、彼女を中心として立案された広告システムによって、facebookは急成長を実現していった。いずれの事例においても、イノベーターである起業家のアイデアを、マーケターである経営幹部がビジネスとして強力に実現・普及拡大させることによって、イノベーションが生み出されていっている。

個のイノベーターDNAとは別に、組織のイノベーターDNAとしては「3Pの枠組み」[16]がある。革新性に秀でた人材(People)を集め、イノベーターDNAのスキルを高めるプロセス(Process)を企業に導入し、組織としての哲学(Philosophy)を形成することが重要となる。

まず人材に関して、革新性に秀でた企業組織の特徴として、起業家自身がイノベーターであり、マネージャークラスの発見力が高く、組織における発見力(イノベーター)と実行力(マーケター)の配置バランスが良く、イノベーター人材の積極活用を進めているという4点があげられる。次にプロセスには、優れたイノベーターをリーダーとして、その個性や行動が組織文化として強く根付くケースが望ましい。スティーブ・ジョブズが持つ高い質問力が組織全体に根付いているアップル。アラン・ラフリーの徹底的な観察力が組織に浸透しているP&G。マーク・ベニオフのように人脈力に磨きをかける組織となっているセールスフォース・ドットコム。あるいはジェフ・ベゾスが追求する実験力が組織内に制度化されているアマゾン。こうした革新的な企業では、優れたリーダーの価値観が組織に波及したり、組織として実践するための制度を整えたりして、革新的なプロセスを実現している。そして哲学は、プロセスを下支えするべく「イノベーションは全員の仕事である」、「破壊的イノベーションにも果敢に取り組む」、「適切な構造を持った少人数のイノベーション・プロジェクト・チームを数多く用いる」、「イノベーションの追求においてはスマート・リスクをとる」という4つを指針とする。この3つのPを組織に浸透させることで、組織としての革新性を高めることができる。

第10章では、イノベーションを創出するためのルートとして、創出主体である人材と組織をいかに革新的なものに鍛えあげるか、について取り上げてきた。さまざまなスキルを紹介してきたが、最後に、新しい価値を創り出し、世界を変えていくための働き方として2つ[17)]を示して、第Ⅲ部を締めくくろう。ビジネスマンの読者のうち、おそらくは過半数が、現在の自身の働き方に対して満たされない思いを抱えているのではないだろうか。

革新を生み出していく働き方の1つは、「自らの仕事のアウトプットに誇りを持って、仕事のプロセスを楽しむ」ことである。それができない現状にいるとしたら、仕事のやり方を変えるか、仕事そのものを変えるかを検討して良いだろう。IDEOは、自社を「可能性を形にする場所」と称する[18)]。新しい何かに対してチャレンジをするときに、失敗した場合のリスク面を考えすぎるよりも、成功した場合の凄さや面白さ、インパクトの方により視線を向けて、ワクワクする思いを胸に、楽しみながら実行することが重要であると明言している。そして、プロセスを楽しむことによって人はよりクリエイティブになれるため、「意思を持って楽観しよう」という言葉を自社ホームページの価値観のトップとして紹介している。

もう1つは、「自分のために会社を使う」である。ベンチャー企業を転々として、キャリアアップを図っている人材の多くはこの発想にもとづく働き方をしているが、特に大企業に勤める多くのビジネスマンは、この発想を抱きにくい傾向にある。アルファベット社のラリー・ペイジは、「世界のためにリーダーを育成しよう」と掲げて、たとえ自社からいなくなろうとも、社外で価値を生み出していく人材の背中を押して応援している。「会社のために身を捧げる」という精神は否定されるものではないが、自らのスキル向上が、ひいては企業のためになるという発想をもっと持っても良いだろう。「組織のために」は、ときに言い訳としても使われてしまう。働き方と創造性が無関係でない以上、理想論と切り捨てずに、働き方についても自問自答と現状打破に向けた行動を取るべきである。

註

1 ——グジバチ（2018）を参照。
2 ——クリステンセンなど（2012）を参照。
3 ——佐々木（2017）を参照。
4 ——IQ（Intelligence Quotient）は、一般的な知能指数を指す。
5 ——クリステンセンなど（2012）を参照。
6 ——クリステンセンなど（2012）を参照。
7 ——グジバチ（2018）を参照。
8 ——クリステンセンなど（2012）を参照。
9 ——シュミット、ローゼンバーグ（2014）を参照。
10 ——シュミット、ローゼンバーグ（2014）を参照。
11 ——クリステンセンなど（2012）を参照。
12 ——クリステンセンなど（2012）を参照。
13 ——MBA（Master of Business Administration）は、経営学修士号を修得するビジネス・スクールを指す。
14 ——1998年に創業のペイパル社（アメリカ）が提供する、電子決済サービス。2002年にイーベイが買収。
15 ——ウッザマン（2013）を参照。
16 ——クリステンセンなど（2012）を参照。
17 ——グジバチ（2018）を参照。
18 ——IDEO「Our Values」を参照。（https://www.ideo.com/jp/post/our-values）

IV

Think about
"MEGA VENTURES' INNOVATIONS" !!

☑ Chap. 11 **Strategy**

☑ Chap. 12 **Impact**

Chapter 11

メガ・ベンチャー志向のマーケティング戦略

Strategy

1 メガ・ベンチャーを志向する

さて、第Ⅰ部ではメガ・ベンチャーに関する知見を確認し、第Ⅱ部、第Ⅲ部を通じてイノベーションの存在や実情、創出方法についてインプットしてもらった。本書の締め括りにあたる第Ⅳ部では、メガ・ベンチャーとなるための戦略と、メガ・ベンチャーが生み出すイノベーションについて考えていこう。

第11章では、ベンチャー企業がメガ・ベンチャーにまで成り上がっていくプロセスで利用する「メガ・ベンチャー志向のマーケティング戦略」について紹介していく。前述の通り、マーケティング戦略とは、当てはめれば必ず成功を約束してくれる「方程式」ではない。打開や飛躍に役立つ「ツール」である。先駆者として成功を収めるメガ・ベンチャーが、その現在地へ辿り着くまでに選択してきた戦略を整理することで、読者にとってより役立つツールとして、戦略の選択肢を提示することが本章の目的である。

まずは、ベンチャーを起業するうえで、あるいはベンチャーに社員として飛び込む（ジョインする）うえで、重要となる3つの要素について紹介しよう。前述のとおり、日本における新興企業の多くは、急激な拡大成長を目指していないスモール・ビジネスであるのが実情だ。名実ともにベンチャー企業を名乗れるプレーヤーは、そもそも限られている。その限られたベンチャー企業の中にあって、どれほどのプレーヤーが、メガ・ベンチャーにまで成り上がる志を持てているだろうか。起業家とチームが、その志をどれほど共有できているだろうか。メガ・ベンチャーを目指すのならば、必ずしも起業家の卵やシードといったスタート段階から持ち合わせている必要はないが、成長の階段を上っていくプロセスのどこかで、メガ・ベンチャー志向を早期に備える必要がある。自らがメガ・ベンチャー志向を持ち、社内でメガ・ベンチャー志向を共有するにあたって、モチベーション（Motivation）、ミッション（Mission）、モメンタム（Momentum）という3つのMが重要となる。

1つ目のMのモチベーション（動機）は、ビジネスという長期戦を闘い抜くうえで、極めて重要な要素である。特に、ハイリスク・ハイリターンのベンチャー・ビジネスに飛び込む際には、2種類のモチベーションを兼ね備えておくことが大切である。まず、「自己実現の欲」というモチベーションを明確に持つことが欠かせない。起業家にとって、少なくとも大企業や中小企業へ社員として入社することに比べれば、自らの責任のもとに会社を興すこと、そして社員を雇うことはハイリスクである。ハイリスクを背負うことを自覚したうえで、それでも会社員となる場合の期待値以上の何かを叶えたいから、起業を選択するのである。会社員としての期待値（生涯年収）よりも大きく稼ぎたい。会社員としての期待値（やりたいこと）ではできない、自身がやってみたいことを、自身の思い描く方法で、今すぐにでも実現したい。会社員としての期待値（出世）を覆して、一発逆転を狙いたい。これらの「会社員として」を「大企業や中小企業の社員として」に置き換えれば、ベンチャー企業にジョインしていく人材にも、同様のことを当てはめて考えられるだろう。ハイリスクを背負うに値する、ハイリターンへの欲求や思いは、決して邪悪なものではない。チャレンジするための第1のエンジンとして、必須のものである。

一方で、自己実現の欲だけでは、モチベーションとしては不十分である。もう1つ、「社会課題の解決」という動機が必要となる。根本的に、自己実現の欲だけを前面に押し出してしまっては、他者を巻き込んでチームを作ることができないし、VC（Venture Capital）から投資を集めることもできない。加えて、企業がシードから順調に成長していき、エグジット（Exit／出口）すれば、ある程度の欲は満たされていく。成功体験を積み重ね、成長を果たし、経済的にも社会的にも自己実現の欲が満たされていく。それでもなお、メガ・ベンチャーへと続く階段を上っていくには、「社会をより良いものにしたい」という強烈な思いがなければ続けていられない。買収の話を受けた途端に、すぐに自社を売却して、隠居生活を送りたくなってしまう。その選択は決して悪いものではないが、それではメガ・ベンチャーは生まれない。メガ・ベンチャーを志向するには、「自己実現の欲」と「社会課題の解決」という2つのモチベーションを強く持ち合わせておかなければならない。

2つ目のMは、ミッション（存在意義）である。自社は何のために存在するのか、という「企業のミッション」が適切に設定されていることが重要となる。アルファベット（グーグル）のミッションは、「世界中の情報を整理し、世界中の人々がアクセスできて使えるようにする」[1]。アマゾンのミッションは、「地球上でもっともお客様を大切にする企業であること」、「地球上で求められるあらゆるものを探し、発見でき、購入できる場を提供する」、そして「常にお客様からスタートし、お客様の立場でいろんなことを考える」[2]。フェイスブックのミッションは、「世界をよりオープンにし、つなげる」から、「人々にコミュニティ構築の力を提供し、世界のつながりを密にする」へと変更された[3]。いずれも、シンプルで分かりやすく、かつ広大なミッションを掲げている。

広大なミッションという表現は、2つの広さを意味している。1つは、マーケティング・マイオピア[4]に陥らないという意味での広さである。マーケティング・マイオピアとは、自社の製品やサービスそのものに発想が縛られ、近視眼的に既存プロダクトに固執することで、ビジネスや成長の機会を失うことを意味する。そうではなく、視野を広く持って、自社はどのような価値を提供し、顧客のどのようなニーズを満たしていくのか、という本質を見抜くマーケティング・インサイトを持つことでビジネスの幅は大きく広がっていく。前述のミッションを見ると、いずれも、いわゆる「○○屋」になっていないことが分かるだろう。検索サービスから始まったからと言ってグーグルは「検索屋」ではないし、アマゾンは「通販の本屋」ではない。いずれも、当初のプロダクトではなく、自社が顧客に提供していく価値や、自社が満たしていく、生み出していくニーズに基づいて、広がりを持ったミッションが設定されている。

もう1つは、「世界」を明言しているという意味での広さである。ビジネスを展開する市場は、自社が立地する国内市場から始まり、軌道に乗った後に海外展開を広げていくという流れが一般的だが、ここで強調したいことは、当初から世界でのビジネスを志しているかどうかである。グローバルを視野に入れて、創業と同時に、あるいは2、3年以内などの早い段階で世界をターゲット市場としていく企業は、「ボーン・グローバル企業」と呼ばれる[5]。ベンチャーに限らず、日本にはボーン・グローバル企業が少ない。その理由は、日本という国の環境による部分が大きい。ボーン・グローバル企業は、もともとデンマーク、ノルウェー、スウェーデン、フィンランドといった北欧に多く存在しており、国の人口が少なく、国内市場が小さすぎるために、はじめからグローバル戦略を念頭に置かざるを得ない環境に置かれた企業がなりやすい。そのため、国民が5,000万人規模の韓国は国内市場が小さく、一定数のボーン・グローバル企業が存在している。対して、日本は人口が減少してきているとはいえ1億人規模のまとまった市場が存在しており、日本企業は国内市場での競争に専念していても、ある程度の売上が見込める環境に身を置いている。そのため、無意識的に環境に染まり、まずは国内市場で勝ち抜いて、勝者としてのポジションをじっくり固めて、余裕が出てきてから海外に手を伸ばす、という流れに従う企業が大半を占めている。これが中国となると、また話は別で、中国には少なく見積もっても13億人という巨大市場が存在する。だからこそ、中国企業は国内市場に専念し、国内でのトップの座を掴めば、それは同時に、規模の観点では世界トップに肉薄する存在になることができる。

広大さが備わった、優れたミッションを掲げている日本の大企業も存在する。例えば、哺乳瓶などのベビー用品で日本トップシェアを誇り、海外事業を急速に成長させているピジョン社は、「『愛』を製品やサービスの形にして提供することによって、世界中の赤ちゃんとご家族に喜び、幸せ、そして感動をもたらすこと」をミッションとして掲げている[6]。また、地図情報やそれに基づくサービスで圧倒的なシェアを握るゼンリンデータコム社は、「新たな行動を生み出す、良質な情報サービスをすべての人へ」をミッションとしている[7]。

ミッションは企業の活動の指針となり、企業文化の基盤にもなる。そして、明文化された適切なミッション・ステートメントの存在によって、起業家と社員のモチベーションは高められる。迷ったときや不安になったときに心の支えとなって、次の一歩を踏み出す後押しとなってくれる。ミッションとは、ただ掲げるものではなく、個と組織のモチベーションとモメンタムを強化するために極めて重要な要素である。しかし、日本のベンチャー企業はミッションを適切に策定できておらず、力強く、シンプルで共感を呼び、そのために全力を注ごうと誇れるようなミッションを掲げるプレーヤーはほとんどいないことが問題視されている[8)]。

3つめのMは、モメンタム(勢い)である。メガ・ベンチャーを目指すうえでカギとなるのが、モメンタムを早めることである[9)]。企業としての判断と実行、事業成長と規模拡大のモメンタムを早めていき、かつ早いままに保っておくことで、ベンチャーは急成長を遂げていくことができる。勢いがあるからこそ、その企業の可能性や魅力は高まり、ヒト・モノ・カネを集めることができる。また、高いモチベーションと適切なミッションがあることで、モメンタムは早まる。志の高いモチベーションがあるからこそ、モチベーションに裏打ちされてモメンタムが生み出される。共感を生む、広大なミッションがあることによって、理想の実現に向けてモメンタムが勢いづく。

企業としてのモメンタムが早いことによって、より良いモノを生み出そうと意気込んで製品開発や改良が精力的に行われ、そのために長時間労働が発生したとしても、組織の士気は高いままでいられる。幾らか悪い出来事が起きたとしても、モメンタムが傷を癒してくれる。グーグル、フェイスブック、eBay(イーベイ)、LinkedIn(リンクトイン)。いずれも、急成長を遂げていくプロセスでの圧倒的なスピード感と規模感が、社内外のヒトを興奮させた[10)]。起業家や社員たちは高揚し、次の達成感を求めてさらに働く。社外の優秀な人材は、期待と憧れを胸に、次々とジョインしてくる。投資家は、一攫千金を夢見て、一斉に投資を行う。Uber（ウーバー）社は、急成長を遂げていくプロセスにおいて、新規採用したエンジニアに対して「前の職場で優秀だったエンジニアを3人教えてくれ」と聞き、名前の挙がった3名に対して面接も何もなく、いきなり採用通知を送りつけた[11]。モメンタムを保ち、さらに早めるためにウーバーでは技術開発スタッフの確保が急務であり、ウーバーのモメンタムに魅力を感じた多くの人材が、唐突の採用通知に応じてウーバーへジョインしていった。

しかし、モメンタムが遅くなると、社員の心は一気に離れていってしまう。企業として、成長への推進力に満ちあふれていたときには我慢できた不満やストレスを我慢できなくなり、社内の雰囲気は悪化し、業務の創造性と生産性は急激に失われていく。外部の顧客や投資家からの評価も一気に下がっていく。そしてヒト・カネの求心力が下がると、ビジネスはさらにモメンタムを失うという負の連鎖に陥ってしまう。負の連鎖を回避するためには、製品開発、リリース、改良、再リリースというビジネスのサイクルを早め、トライ・アンド・エラーの勢いを弱めずに、小さな成功体験を積み重ねていく必要がある。ベンチャー企業は、モメンタムを維持することで活気を保ち、大きく飛躍していくことができる。

3つのMで構成されるトライアングルによって、メガ・ベンチャー志向は高まっていく（図11-1）。モチベーションは企業が大きく推進していくためのエンジンとなり、ミッションは進んでいく方向を指し示す指針となって、モメンタムを生み出す。快進撃を続け、モメンタムが早まることで、モチベーションはさらに高まっていき、より一層モメンタムを加速させる。メガ・ベンチャーを志向するには、このトライアングルを個と組織で形成することが有効となる。

図11-1▸メガ・ベンチャー志向のトライアングル

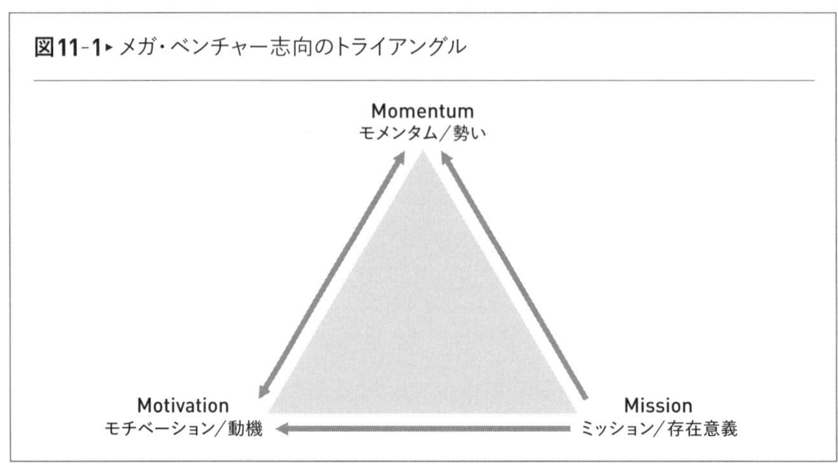

出典：筆者作成。

2 戦略を継続的に脱皮させる

メガ・ベンチャー志向を持ったうえで、ベンチャー企業はどのような戦略を採用し、成長していくのか。メガ・ベンチャーの先駆者たちは、1つの戦略に固執せず、成長ステップとともに次々と戦略を脱皮させることで、停滞せずに、飛躍的な成長を実現してきた。企業として、規模も戦略も生まれ変わり、脱皮をするごとに強大になっていっている。ここでは、幾つかの選択肢を組み合わせた、1つのルートを提示しよう。

ベンチャー企業はシード段階では絶対的に小さく弱い。そのため、旨みの大きな市場に無策で参入し、既存の大企業と真っ向から対抗することはできない。基本戦略は、マス（全体）ではなくニッチ（局所）向けとなる。大きな市場の中から、シード段階の自分たちだからこそ手が出せる小規模の市場を切り出す。あるいは、小さいながらも新しい市場を自ら創り出す。その小さな市場が、将来的に拡大を見込めるものであることが重要だ。こうした、ベンチャー企業がまず採用していく戦略は、ブルーオーシャン戦略[12]の縮小版の「ブルーポンド戦略」[13]と呼ぶことができる。ライバル企業と戦い、傷つけ合って血を流しながら、自身とライバルの血で染まったレッドオーシャン（赤い海）を戦い抜く体力はまだない。かといって、目の前にいきなりブルーオーシャン（青い海）が現れてくれるわけはない。ベンチャーにとって、無風地帯の小さなブルーポンド（青い池）を見つける、創ることが第一歩目となる。大手が気づいていない、あるいは気づいていても大手にとっては旨みの小さい市場。競合が存在しないような、少なくとも強力な競合が出てきていない市場が、ブルーポンドとなる。

ブルーポンド戦略の実行に当たっては、4つのアクションが有効となる[14]。既存の業界常識としてプロダクトに備わっている要素から、取り除くべきものを探していく「取り除く」。業界の標準と比較して、大きく減らすことができる要素はあるかどうかを検討する「減らす」。業界の標準と比べて、大胆に増やせる要素はあるかどうかを検討する「増やす」。そして、業界ではこれまで提供されてこなかったが、新たに創造できる要素を考え出す「創造する」。これら4つのアクションを単体、あるいは組み合わせて実行することで、思い切ってターゲットを絞り込んだ、マニア向けの尖ったプロダクトや、従来とは切り口の違う斬新なプロダクトが生み出され、ブルーポンドを開拓していくことができるようになる。

また、ビジネスの常識は顧客志向だが、ブルーポンド戦略では「非顧客」志向を持つことが有効となる。その業界、あるいは既存の競合他社の顧客にはなっていない「非顧客」を、いかに顧客とできるかを考える必要があるからだ。既存顧客を奪い合うのではなく、新規顧客を生み出し、新しい市場を創る。そのためには、非顧客は「なぜ利用していないのか」、そして「どうすれば利用してくれるのか」を考え抜き、非顧客に焦点を当てる必要がある。

アリババ（阿里巴巴）が「Alibaba.com」をスタートさせた1999年、中国におけるインターネットの普及率は1%以下だった[15)]。将来的なインターネットの普及は確実視されていたものの、その速度や形態は未知数であり、既存ユーザーはほとんどいなかった状態である。その環境下で、小規模の輸出企業向けにECサービスを立ち上げ、小さなブルーポンドを創り上げ、そして急激にブルーオーシャンへと広げていった。現在進行形の事例として、ライブ配信プラットフォーム「SHOWROOM」を運営するベンチャーのショールーム社は、YouTubeやニコニコ動画といった強力な大手がいる動画配信ビジネスへ2015年に後発参入し、ブルーポンドを創出・拡大していっている[16)]。知名度の高いタレントに加えて、これまでターゲットとされてこなかったタレントの卵や地下アイドルと呼ばれる層に焦点を当てて、彼ら・彼女らへの応援と共感、そして誰がどれだけ応援しているかが可視化される「応援者の見える化」を優位性として、芸能市場におけるブルーポンドに光を当て、ブルーオーシャンへと押し広げていっている。アプリ「SHOWROOM」は、2017年上半期の日本国内動画配信アプリの収益性ランキングで1位を記録し、累計320万ダウンロード、会員登録者数160万人を超えて成長を続けている。

ブルーポンド戦略で一定の成果をあげることに成功したら、次は、池を海へと変えるブルーオーシャン戦略に移行する。ここで重要となるのは、見極めとスピードだ。海に広げられない池には早く見切りをつけ、次の池に手を伸ばさなければならない。そのためにも、ブルーポンドを1発当てたら、その成功が失速する前に次の種を発芽させておく必要がある。これは、1つの池と心中するリスクを回避するためでもある。Netflix（ネットフリックス）社は、DVDの郵送サービスで成功を収めると、即座にインターネットを通じた映画配信サービスを立ち上げた[17]。DVDの郵送サービスは成功したものの、通過儀礼的な、過渡期の一時的なビジネスであり、なおかつ効率の悪い手段であると理解できていたからだ。映画配信サービス立ち上げ当時の2007年は、未だブロードバンド回線の速度は遅く、普及率も低かったが、「海」へ拡大させられる「次の池」として英断を下した。このブルーポンドは予測通りブルーオーシャンとなり、今や競合の多いレッドオーシャンと化したが、ネットフリックスは市場のリーダーとしての地位を獲得し続けている。

もう1つ、池を海にするときには、急拡大させることが重要となる。これはブリッツスケール（電撃的拡大）[18]と呼ばれる。多くのビジネスは、収益性を高くするために一定以上の規模を必要とする。ビジネス特化型SNSのLinkedInは、数百万人の登録者が集まって初めて利益が得られるようになった。ネットオークションのeBay、C2C取引の淘宝（タオバオ）やメルカリは、一定規模の買い手と売り手が揃って初めてサービスが動く仕組みとなっている。また、競合に先駆けて顧客を確保することで、ユーザーの囲い込みができるというメリットもある。だからこそ、早いスピードでの、劇的な急拡大をする必要がある。

ゆっくりしていると、ブルーオーシャンには、ブランド力を持つ大企業が上から参入してきてしまう。また、下からは他のベンチャーが後を追って次々と参入してくる。一般的に、大企業は特定のビジネスだけに集中できるわけではなく、新規ビジネスへの慎重な姿勢や、複数の会議を経た意思決定などによって、参入スピードは緩やかとなる。新興ベンチャーの後発組は、足掛かりがない状態で、0からの参入となる。そのため、圧倒的な速度で、収益、顧客、そして組織の規模を拡大させ、ブルーオーシャンの市場を支配し、レッドオーシャン化する前に、そのカテゴリーにおけるキングの地位を確立しておくためのブリッツスケールが大切となる。

メガ・ベンチャーの先駆者たちを見てみると、アマゾンは1996年から1999年にかけて、収益を510万ドルから16億4,000万ドルへ、顧客（口座数）を18万から1,690万へ、組織を151人から7,600人へとブリッツスケールを果たしている。グーグル（現、アルファベット）も、2001年から2007年にかけて、収益を8,600万ドルから166億ドルへ、顧客（年間検索件数）を270億件から3,720億件へ、組織を284人から16,805人へと変貌させた。フェイスブックも同様に、2006年から2011年にかけて、収益を4,800万ドルから37億ドルへ、顧客（MAU／月間アクティブユーザー）を1,200万人から8億4,500万人へ、そして組織を150人から3,200人へと劇的に変えている。

このカテゴリーキングとしての地位を確立するには、カテゴリー・デザイン[19]という戦略が有効となる。カテゴリー・デザインとは、「from / to（フロム・トゥー）」の創造を目的している。既存の「フロム」から、新たな「トゥー」へと人々を誘導するためのマーケティング戦略となる。市場と技術に対するマーケティング・インサイトから、フロム・トゥーを見抜き、多くの消費者が既存から新規へと移っていく決意をうながすために、市場に電気を流す「電撃作戦」で大きな刺激を与える。市場に激震を起こし、顧客や投資家、マスコミの関心を惹きつけ、潜在的な競合相手を怖じ気づかせるために、一点集中型のプロモーションを実行する。従来、広告効果の正確な測定ができないため、プロモーションは長期にわたって、幅広いメディアを活用する、薄く広くの手法が取られやすい。しかし、カテゴリー・デザインにおける電撃作戦では、一度の強烈な打撃のために、企業のリソースを集中投下する。その代表例が、アップルが年に2回実施しているイベントである。アップルによる夏のワールドワイド・デベロッパーズ・カンファレンスと秋の新製品発表会は、現在から未来へ、既存から新規へ、次へと移行するフロム・トゥーを宣言する電撃作戦の舞台となっている。

そして、ブルーポンド戦略から始まり、ブリッツスケールを通じてブルーオーシャンを生み出し、カテゴリー・デザインによってカテゴリーキングとしての地位を確立した末に、ある種のゴールとも言える戦略へと移行する。それが、プラットフォーム戦略である[20]。これまでの戦略の対象はプロダクトだったが、プラットフォーム戦略では、プラットフォームという場を創りだし、そこをビジネスのエコシステムの舞台とすることを目指す。プロダクトからプラットフォームへ移行する際、プラットフォームの活性化の前提条件は、プロダクトが優れていることである。プラットフォームを構えることによって、プロダクトの魅力不足を補うという発想は持つべきではない。iTunesが受け入れられた前提条件は、iPodが優れたプロダクトだったことである。

プラットフォーム戦略では、自社では物的資産を保有せず、場を提供し、売り手と買い手を結び付けていく。プラットフォームの運営者は、場の管理に集中できるため、低コストで、軌道に乗った後の利益率が非常に高いことが特徴である。C2Cのネットオークション「eBay」の利益率は70%に達している。また、プロダクトには流行があるが、ある種のインフラとして定着したプラットフォームには流行り廃りがなくなる。プロダクトに対して支持者が熱狂している間に、プラットフォーム戦略へ移行をし、ユーザーを囲い込むことが重要となる。グーグル(現、アルファベット)、アップル、フェイスブック、アマゾン、マイクロソフトのBIG 5はいずれもプラットフォーム戦略に軸足を置いている。グーグルは創業の2年後から検索連動型広告を導入し、アマゾンは創業から6年後にマーケットプレイスを開始した。アップルは、iPod、iPhone、iPadというプロダクトと並行して、iTunes、App Storeというプラットフォームを運営している。

EC、SNS、シェアリング・サービス[21]に代表されるプラットフォームは、交換型とメーカー型の2つに大きく分類される。前者には、Uber（ウーバー）やAirbnb（エアービーアンドビー）のサービス・マーケットプレイス、Amazonやタオバオのプロダクト・マーケットプレイス、AlipayやPayPalの決済プラットフォーム、Angel Listなどの投資プラットフォーム、facebookやTwitterのSNSプラットフォーム、WeChatやSnap Chatのコミュニケーション・プラットフォーム、そして各種ゲームを通じたソーシャルゲーム・プラットフォームがある。後者には、YouTubeやiTunesのコンテンツ・プラットフォームと、SalesforceやAndroidの開発プラットフォームがある。

プラットフォーム戦略では、多くの売り手と買い手にとって利用しやすいようにマス向けのサービス開発や、多くの売り手と買い手を結び付けるネットワーク効果を発揮するための競争力向上が重要視され、いかにネットワークを広げられるか、が成功のカギを握る。ネットワークが広がることでさらに参加者が集まり、場の価値は加速度的に高まっていく、というネットワーク効果を発揮することによって、圧倒的な勝者となることができる。

また、プラットフォームのプラットフォームを運営するプレーヤーも出てきている。2005年に創業し、2012年にはアメリカの旅行会社のExpedia（エクスペディア）社によって買収されたドイツのtrivago（トリバゴ）社は、プラットフォームのプラットフォーム「trivago」を運営している[22]。一般的な旅行サイトは、提携・登録しているホテルが売り手、

図11-2▶戦略の脱皮プロセス

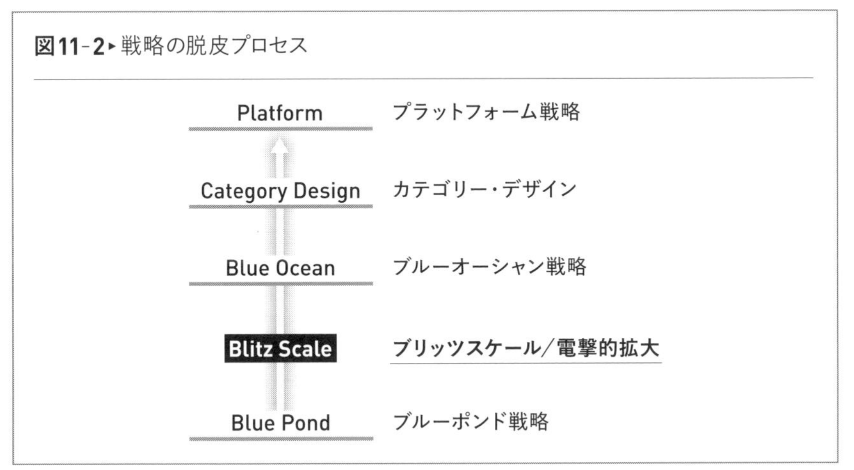

出典：筆者作成。

宿泊客が買い手となっているプラットフォームだが、trivagoは数多くある旅行サイトに傘をかけ、その傘の下にあるサイト群の情報を一斉に検索できる場となっている。trivagoでは、世界の200以上の旅行サイトの情報をまとめて検索することが可能となっている。2017年には、売上の87%を広告費用にあてるという電撃作戦を実施し、アメリカ、オーストラリア、日本などで徹底的なテレビ広告を展開した。

もちろん、企業によって、あるいはカテゴリーによって、スタート段階からプラットフォーム戦略を実行する場合もあるだろう。アリババ（阿里巴巴）、ウーバー、エアービーアンドビーや、SNSサービスを展開するフェイスブック、テンセント（騰訊）などは、スタート時点からプラットフォーム戦略を実行してきた。また、複数の戦略を組み合わせて、同時並行させる場合もある。**図11-2**は、選択肢を組み合わせた、戦略の脱皮プロセスのルートの1つにすぎないが、それぞれの選択肢が多くのケースにとって有用なものであることは確かである。

註

1 ――日本経済新聞「グーグルやアップル「使命感」が違い生み出す」を参照。(https://www.nikkei.com/article/DGXMZO79806620X11C14A1X12000/)

2 ――logme「アマゾンはなぜクラウドサービスでも成功できたのか？ジェフ・ベゾスの思考を読み解く3つのキーワード」を参照。(https://logmi.jp/33928)

3 ――ITmedia NEWS「Facebookがミッション変更「世界のつながりをより密に」」を参照。(http://www.itmedia.co.jp/news/articles/1706/23/news064.html)

4 ――Levitt (1960)。

5 ――事業構想 PROJECT DESIGN ONLINE「ボーン・グローバル企業とは」を参照。(https://www.projectdesign.jp/201404/bornglobal/001249.php)

6 ――ピジョン「Pigeon Wayとは何か」を参照。(https://www.pigeon.co.jp/pigeonway/about/)

7 ――ゼンリンデータコム「メッセージ/ビジョン」を参照。(https://www.zenrin-datacom.net/company/message.html)

8 ――佐々木 (2017) を参照。

9 ――馬田 (2017) を参照。

10 ――ホフマン、サリバン (2016) を参照。

11 ――ホフマン、サリバン (2016) を参照。

12 ――Kim and Mauborgne (2005) を参照。

13 ――東洋経済ONLINE「小林製薬「小さな池の大きな魚」戦略の舞台裏」を参照。(https://toyokeizai.net/articles/-/195809)

14 ――Kim and Mauborgne (2017) を参照。

15 ――リーブズ、鳴、ベンジャラ (2015) を参照。

16 ――ダイヤモンド・オンライン「SHOWROOM前田裕二が語る、「共感マーケット」という新市場」を参照。(https://diamond.jp/articles/-/171351)

17 ――ダウンズ、ヌネシュ (2018) を参照。

18 ――ホフマン、サリバン (2016) を参照。

19 ――ラマダン、ピーターソン、ロックヘッド、メイニー (2017) を参照。

20 ――アルスタイン、パーカー、チョーダリー (2016)、ジュウ、ファー (2016)、ハジウ、ロスマン (2016)、ダウンズ、ヌネシュ (2018)、およびモザド、ジョンソン (2018) を参照。

21 ――シェアに関しては、第12章で詳しく後述。

22 ――東洋経済ONLINE「気になるCMを連発、「トリバゴ」の意外な正体」を参照。(https://toyokeizai.net/articles/-/175830)

Chapter 12

メガ・ベンチャーズ・イノベーション

Impact

1 メガ・ベンチャーによる革新のインパクト

これまでの知見を踏まえ、第12章ではメガ・ベンチャーによるイノベーションの現在と未来へ視線を向けよう。本書のいたるところで、メガ・ベンチャーによるイノベーションについて紹介してきたが、改めて、どういった形で産業、社会、および消費者に対してインパクトを与えるのか。書き手と読者、そして読者同士がともに考えるための材料を提供していきたい。

なぜメガ・ベンチャーによるイノベーションは特別なのか。大企業や中小企業によるイノベーションと何が異なるのか。メガ・ベンチャーズ・イノベーションに注目すべき理由とは何だろうか。大企業、中小企業、ベンチャー企業、いずれのプレーヤーもイノベーションを生み出すが、プレーヤーごとに特徴がある。例外的なケースを除き、中小企業によるイノベーションは、プロダクト・イノベーションである。新奇性が高く、魅力的で、かつ高い価値を有する製品やサービスが創り出される。しかし、ビジネス・インパクトは比較的に小さなものに限定される。なぜなら、インパクトを産業全体やグローバルの隅々まで広げる規模感、スピード感は、中小という企業規模の制約によって困難であるからだ。あくまでニッチ市場をターゲットとしたプロダクト・イノベーションとなる。

一方、大企業によるイノベーションは、企業規模に順じて、ビジネス・インパクトの大きな革新を、広く普及させていくことができる。しかし、大企業を主体とした場合には、自社の既存事業との整合性という制約が付いて回ることとなる。新たなイノベーションが、自社の既存事業の首を絞めるわけにはいかないため、その新奇性には限界が伴う。中小企業と大企業に対して、メガ・ベンチャーによるイノベーションは、破壊的なイノベーションとして、新奇性が高く、既存の枠を壊すような、ビジネス・インパクトの極めて大きな革新となることができる。ベンチャー企業は、新たなイノベーションの制約となるような既存事業を持っていないため、新奇性に縛りがない。また、一気に企業規模を拡大していくことで、ビジネス・インパクトも大きなものへと拡大させることができる。

このメガ・ベンチャーズ・イノベーションによるビジネス・インパクトは、2つの革新をもたらす。1つは、産業構造の変革である。メガ・ベンチャーズ・イノベーションは、既存の産業構造にメスを入れ、未来の産業と雇用を創り出していく。もう1つは、ライフスタイルの更新である。メガ・ベンチャーズ・イノベーションは、ヒトの想像力を実現し、既存の当たり前を塗り替え、新しい当たり前となるライフスタイルを構築していく。

Uber（ウーバー）とAirbnb（エアービーアンドビー）はそれぞれ、産業構造とライフスタイルに大きな革新をもたらした。Uberが出てくる前は、自前の運転手と車両を抱えるタクシー会社が市場競争を行い、消費者はタクシー乗り場に並んでタクシーを待つことが当たり前だった。それに対して、Uberは、一般消費者を運転手に、彼らの所有する自動車をタクシー車両に見立てることで、タクシー産業の既存構造を切り崩した。そして、消費者はいつでもどこでも、自身の位置情報にUberを呼び寄せて利用できるようになった。「以前の当たり前」では、待ち時間が10分未満でタクシーに乗車できる消費者は37%に限られていたが、Uberの創った「新しい当たり前」では、90%の消費者が10分未満で乗車できる世界が実現した[1]。消費者視点では、厳密には、既存タクシーに加えてUberという選択肢を使い分けられるようになった、と言うべきだろう。登録車が街中を行き来している都心部において、Uberは間違いなく便利である。しかし、登録車が1台もいないような郊外の観光地には、都心部からUberで行くことはできても、Uberを見つけて帰ることはできない。もちろん、地点指定の配車予約を事前にしていれば不可能ではないが、既存タクシーやバスを利用する方が現実的である。あらゆるシーンで万能とは言えないが、Uberは消費者にとって新たな当たり前を提供してくれている。

Airbnbも同様に、自前の不動産資産をまったく所有せずに、消費者個人の住宅を、別の消費者に、お互いが満足できる料金と条件で貸し出す仕組みを創り出すことによって、ホテル産業の既存構造にメスを入れた。全世界で旅行者が利用できる部屋の数、という意味で、世界最大のホテルチェーンであるアメリカのMarriott International（マリオット・インターナショナル）社が自前で100万室を持つまでには、58年の年月と、9億8,500万ドルもの不動産資産が必要となった。対してAirbnbは、7年、不動産資産0で実現してみせた[2]。明らかにホテル産業の既存構造からは逸脱した存在として、急激な成長を続けている。ただし、こちらも既存ホテルを駆逐するのかと言うと、そうではなく、棲み分けていくことになる。Airbnbは、登録された部屋の多い都心部では魅力的だが、ホテルしか存在しないような観光地では、そもそも部屋が存在しない。また、高品質な空間とサービスを提供する高級ホテルとは、戦う土俵が異なる。ホテル、プラスAirbnbという選択肢を消費者は手にしている。

こうしたメガ・ベンチャーズ・イノベーションによるインパクトの代表とも言えるのが、アマゾン・エフェクト[3]である。アマゾンは、一企業とは考えられないほどに、多くの世界を変えてきた。アマゾン・エフェクトという言葉は、もともとはアマゾンが小売業界やEC業界に与える影響を表していたが、その影響の威力と対象は、現在進行形で広がり続けている。書籍に始まり、事務用品、文房具、雑貨、おもちゃ、食料品、アパレルと取扱商品のジャンルが拡張されるたび、該当ジャンルの既存プレーヤー、既存市場は崩されていった。書店、文房具店、雑貨店、そして2017年に破産してアメリカで全店舗を閉鎖したToysRus（トイザらス）に代表されるおもちゃ屋、総合スーパーや百貨店までもが、アマゾン・エフェクトによって、これまであった業界の秩序や構造を大きく崩された。また、商品に加えて、サービスの領域も次々と飲み込まれていっている。自動車のタイヤであれば、タイヤの購入だけでなく、交換サービスまでがAmazon上で取引されてきている。住宅のリフォームや、テニスラケットのガット張替なども同様だ。さらに、アマゾン・エフェクトは、物流、クラウドコンピューティング、リアル店舗、メディア、エンターテインメント、テクノロジー、AI（Artificial Intelligence／人工知能）、家電（スマートスピーカー）、自動車と、果てしなく領域を拡大させている。

ライフスタイルの観点では、アマゾンは徹底的に「もっと便利に」を消費者へ提供してきた。言い換えれば、消費者が「もっとわがままに」

なれる環境づくりが進められている。ネットを介したAmazonの各種サービスを通じて、消費者は欲しい商品をワン・クリックで購入でき、当日や翌日にはそれを入手できる。オムニチャネル[4]化の進んだサービスが整えられることで、PCやスマートフォンを通じて、いつでもどこからでも商品の注文ができ、購入商品を自宅でも、受取指定をしたコンビニでも、好きな方法で受け取れる。ネットとリアルの融合が推し進められ、消費者にとってネットとリアルの境界線は薄れてきている。

スマートフォンからアプリやネットを開いて注文する、という手間が消滅し、自宅に設置した端末のボタンを押すだけで購入が実現するAmazon Dash Button。財布やカゴは不要となり、ゲートに入って商品を手に取り、ゲートから退出するだけで、自動で購入手続きが完了するAmazon Go。実店舗のAmazon Booksも合わせて、これらの取り組みによって、ネットとリアルの融合はさらに加速する。こうしたサービスには、リアルでの購買データを、ネットでの購買データと紐づけ、消費者の行動データをリアルもネットも丸裸にできる、という企業にとっての大きな価値がある。消費者にとっては、「消費の罪悪感の減少」と「買い忘れの消滅」が進んでいくこととなる。現金での支払と、キャッシュレスでの支払では、お金を使うことに対する罪悪感が異なる。現金を支払うことの方が、少なからず抵抗を感じる消費者が多い。だからこそ、「カードだと、つい買いすぎる」や「引き落としは先だから、買ってしまおう」といった声が生まれる。現金を支払う行為がどんどんと消え、カードやアプリで支払う行為が増えていく。さらには、財布からカードを取り出したり、スマートフォンでアプリを開く行為すら消えて、ボタンを押したり、ゲートを通過するだけで、自動で買い物が行われるようになっていく。そうすると、消費の罪悪感はますます減少していく。

また、便利がゆえに、買い忘れという現象が消えていく。「しまった、買い忘れた」と自宅に帰ってから気付いたとしても、即座にAmazonで買うことができ、翌日には手元に届く世界である。「あ、アレが欲しい」と思ったときに、すぐにAmazon Dash Buttonを押せば良い。あるいは、スマートスピーカーのAmazon Echoで、Alexaに話しかけて注文すれば良い。これらを便利と捉えるか、アマゾンの思う壺だと捉えるか。いずれにせよ、消費者のライフスタイルは、より便利に、より選択肢が多く、個々の消費者が「購買戦略」を持てるように、更新されてきている。

産業構造を変革し、ライフスタイルを更新していく。こうしたメガ・ベンチャーズ・イノベーションによる衝撃は、あらゆる産業で起こりつつあり、今後10年間でもたらされる経済効果は200兆円規模になるという[5)]。だからこそ、メガ・ベンチャーの輩出・育成は重要視されているし、メガ・ベンチャーズ・イノベーションは特別視されるに値する。そして、自らがメガ・ベンチャーを興し、産業とライフスタイルに衝撃を与えていくんだ、と志すだけの価値がある、人生の選択肢の1つであっていい。

2 変化と向き合い、変化を創る

メガ・ベンチャーズ・イノベーションによる産業構造の変革とライフスタイルの更新は、至るところで生じてきている。いまこのときにも、変化は進んでいる。現在、そして未来のビジネスに求められるのは、変化を見過ごさずに気づき、変化の本質に迫り、自らが次の変化を創っていく姿勢である。

大きな変化として、「デジタル化」、「自動化」、「シェア」、「予防」の4つを取り上げよう。デジタル化は、すでに消費者にとって当たり前のものとして浸透している。なかでも、書籍と音楽は、身近なデジタル化の筆頭である。デジタル化することによって、いつでも、どこでも、瞬時に、いくらでも、書籍と音楽を楽しめるようになった。スマートフォンやタブレットという、デジタル書籍・音楽を楽しむためのハード（機器）が圧倒的に普及している点は、デジタル化浸透の前提条件となっている。主要プレーヤーは、書店、CD販売店から、AmazonのKindleストア、アップルのiBooks、iTunesなどへと移行している。

書籍も音楽も、デジタル化することによって、店頭での在庫切れ、再販売、万引きが消滅した。デジタル書籍・音楽はいくら売れても在庫切れをすることはなく、マーチャンダイジング[6)]は不要となる。また、モノがあるわけではないため、再販売も行われなくなる。ただし、デジタルデータになることで、違法無料アップロードとの闘いは新たに生じている。そして、デジタルデータは、消費者や従業員による万引きも消滅させた。

2003年にスタートしたiTunes、2005年にスタートしたYouTubeの浸透が引き金となり、それ以前のCDを購入して、あるいはレンタルして音楽を聞くという消費者行動は大きく更新されてきている。デジタルデータとしてネットで聞く、1曲単位で購入して聞く、そして月額制で聞き放題と、新たな消費者行動へと塗り替えられつつある。例えば、自動車の車内で音楽を聞こうと思ったら、かつては事前に購入・レンタルをしておいて、CDを車内に持ち込んでおく必要があった。しかし、現在では、車内でスマートフォンを取り出し、iTunesで曲を購入、Bluetoothでスマートフォンと自動車のオーディオ機能を接続させることで、即座に好きな音楽を聞くことができる。新たな当たり前が生まれた。

お金のデジタル化も進んでいる[7]。デジタル・キャッシュに関しては1990年前後から始められ、匿名性、利便性、安全性を担保するために暗号化された仮想通貨が出てきたが、2010年頃から本格的に注目を集めている。その背景にあるのは、仮想通貨の取引データを暗号化し、1つのブロックとして記録・管理をする技術「ブロックチェーン」であり、安全性に関する懸念と先入観を少しずつクリアしながら、仮想通貨は近未来に大きな発展をしていくものと見込まれている。

2つめの変化は、「自動化」である。これまでヒトが担ってきた何かを、ロボットやAIが自動で行っていく流れは、工場での製造現場には広く浸透しているし、消費者のライフスタイルにも今後ますます広がっていくことが確実視される。スマートスピーカーは住宅、自動車、飲食店やホテルなどのサービス施設のいたるところに置かれるようになり、接客の大部分はロボットが担うようになる近未来は、決して遠い世界の話ではない。医療領域では、AIによる画像診断技術の研究開発が急速に進められている[8]。乳ガンの組織片からガン細胞の判別診断をしたり、網膜画像から心血管系疾患のリスク診断をするなど、高度な知識と経験を積んだ少数の専門医師による診断よりも、より広く、より容易に、そしてより正確に、を目指すAI診断は「次の当たり前」になっていく。「AI for everyone（すべての人のためのAI）」を進めるアルファベット社（グーグル）が、最も重要視している領域が医療である。

記事も、広告も、そして小説までもAIが立ち入る領域となっていっている[9]。イスラエルのArticoolo Research（アーティクール・リサーチ）社は、AIが自動で文章を作成するサービス「Articoolo（アーティクール）」をリリースしている。キーワードを指定することで、キーワードに関連するサイトの情報を文書解析技術で分析、分析結果に基づく独自の記事が約3分で自動生成されるという。広告領域では、電通がAIを用いた自動広告作成ツール「アドバンストクリエイティブメーカー」と、自動広告コピー生成システム「AICO（アイコ）」を用いて、ネット広告の作成に取り組んでいる。商品名やカテゴリー名と、機能や新発売といった広告で訴求したい項目をそれぞれ指定し、指定された情報に基づく1,000枚以上の広告候補が自動作成される。そして、過去の類似広告におけるクリック率から、広告効果が高いと予測される案が絞り込まれ、最後に、残った候補のなかから、ヒトが選択と仕上げを行って広告を完成させる。小説については、日本のブックス&カンパニー社が、カンボジアのキリロム工科大学と提携し、AIによる小説執筆の取り組みをスタートさせている。AIに過去の名作小説を学習させることで、より確実に、ヒット作品を効率よく生み出していくことを目指している。こうした自動化の取り組みの多くは、現時点では未だ実験的な取り組みにすぎないモノも多い。面白いけれど、まだまだおもちゃのような品質なのかもしれない。しかし、それこそが破壊的イノベーションの兆候であることを忘れてはならない。AIやロボットの自動化によって代替される領域は確実に、そして急速に増えていく。ただし、AIがヒトの新たなパートナーとなって協業することで、より良いプロダクトを創っていく未来も待っている。

ビジネス・インパクトの大きな自動化として、全自動運転車があげられる。その前段階として、自動車がネットと繋がる「コネクテッド・カー」は普及を開始している[10]。自動車産業の中心は、自動車メーカーだった。しかし、コネクテッド・カーの中心は、コネクテッド・サービスの中核を担う、「Android Auto」を提供するアルファベット（グーグル）であり、「CarPlay」のアップルであり、AI「Alexa」のアマゾンである。これらの企業をハブ（中心）として、通信会社、保険会社、アプリ会社、そして自動車メーカーと製造下請会社などが周囲に立ち並ぶ形へと、産業構造は変わっていく。トヨタは、「クラウン」と「カローラスポーツ」の2車種を、LINEを取り込んだコネクテッド・カーとして日本国内でリリースする。運転・乗車している者は、LINEのトーク機能から、ナビの目的地設定や、ガソリン残量の確認、目的地の天気情報、移動予想時間にもとづくアラーム設定などができるようになる。これは、次の当たり前の始まりである。

全自動運転車が実現した世界では、タクシーやバス、トラックは不要となり、運転免許教習所も役割を失うだろう。事故が起こらないよう自動制御されることから、自動車の事故や違反は激減し、自動車修理工場、保険会社、そして警察の生き方は大きく変わらざるを得ない。また、現在の電車のように車を利用する世界ならば、車を買う必要はなくなり、駐車場も不要となる。都心部に無数にあるコイン・パーキングのスペースは、新たな活用方法を探す必要が出てくる。自動車内での自由になった時間の価値は大きく、乗車中の消費者が1時間自由に使えるようになることの経済効果は、数千億ドルにのぼるという。

3つ目の大きな変化は、「シェア」だ。シェアリングエコノミーという言葉が飛び交うようになってきているが、所有欲や見栄、張り合いがエンジンとなって喚起されていた購買行動を一部代替する形で、経済性と利便性をエンジンとしたシェアが大きく成長を進めてきている。もともと、TSUTAYAやGEOのようなレンタルサービスは、買うのではなく借りて利用して返す、というシェアであり、消費者にとってシェアは馴染み深い行動である。その対象が、音楽や映画から、多方面へ急速に広がっていると考えると、イメージしやすいだろう。モノやサービスを自分で所有・利用するのではなく、インターネットを介して情報を共有し、必要な人が、必要なタイミングで利用できるようにする。そうした、便利で合理的なシェアの対象は、洋服、ハイブランドのバッグ、ジュエリー、時計、自転車、自動車、部屋、そしてオフィスへと広がっている。

シェアオフィス[11]は世界中で急速に増加してきている。「コワーキングスペース」とも呼ばれ、大企業からベンチャー企業、中小企業まで、自身で不動産業者と契約する必要なく使える仕事場として、人気を集めている。なかでも、2010年創業のメガ・ベンチャー、WeWork（ウィーワーク）社のシェアオフィス「WeWork」は、世界59都市に278のオフィスを設け、17万5,000人以上の会員を有している。これだけの成長の背景は、手軽なオフィスという利便性だけではない。ウィーワークでは、オフィスでの働き方、動き方、消耗品や会議室の利用傾向といった行動データを基に、会員がより働きやすくなり、仕事の生産性が高まるようなオフィス設計と運営を最大の強みとしている。例えば、すれ違う人同士がコミュニケーションを取る確率を高めるために、あえて狭い廊下が設計されている。また、企業間、個人間でのコラボレーションや、オープン・イノベーションを生む仕組みとして、各オフィスには会員をコーディネートする「コミュニティマネジャー」が複数人配置されている。コミュニティマネジャーは、会員企業・個人の特性や事業に関するデータを分析し、ニーズを見抜き、会員に適したイベントを企画したり、事業の方向性が合いそうな企業・個人を引き合わせたりする役割を担っている。イベント以外でも、コーヒー休憩ができるカウンターなどで、会員に「こんな人がいるので、会ってみませんか」とコミュニティマネジャーが話しかけていき、マッチングを図る。

自転車のシェアも成長が著しい領域となっている[12]。中国では、2つのベンチャーが自転車シェア（シェアサイクル）市場で激しい競争を繰り広げている。1社は、2015年創業のモバイク（Mobike／摩拝単車）社である。新聞記者出身の創業者が、シリアル・アントレプレナーや大企業出身者とともに創業し、「4年間メンテナンス不要の自転車」をコンセプトとして、IoT（Internet of Things／モノのインターネット）機器のスマートロックや、太陽電池による給電、ノーパンクタイヤの採用など、高品質性を強みにサービスを先行させた。もう1社は、2014年創業のオッフォ（ofo／小黄車）社だ。北京大学大学院生による学生ベンチャーとして、当初は大学敷地内専用のシェアサイクルをリリース。これが大人気となり、1年後には大学200校で採用されるまでに成長を遂げ、その勢いのまま市街地でのサービスを開始した。シェアサイクルの利便性を決定づけるのは、利用可能な自転車台数の数である。乗りたいときに、乗りたい場所に自社の自転車がなければならないため、2018年初めまでに両社合計2,500万台もの自転車を市場に投入している。メガ・ベンチャーのテンセント（騰訊）がモバイク社を、アリババ（阿里巴巴）がオッフォ社を支援しており、中国におけるシェアサイクル市場は激しさを増していっている。

シェアサイクルは、日本では大企業がプレーヤーとなって進められている。ドコモ・バイクシェア社が主導する「東京自転車シェアリング」では、ブリヂストン製、パナソニック製の電動アシスト付自転車のシェアが行われている。東京都内9区（千代田区、中央区、港区、新宿区、文京区、江東区、品川区、大田区、渋谷区）の街中には数多くの自転車置き場「ポート」が設置され、どのポートで借りて、どのポートで返してもいい、という形で利用ができる。東京都の都心部では、このサービスを利用した赤い自転車の姿が目立つようになってきている。

そして4つ目の変化が、「予防」だ。「故障しないように」、「故障したら迅速に修理できるように」から、「故障する前に気づいて調整する」という予防保全への変化が起こってきている。B2Bの世界では、予防保全はすでにサービスとして確立しているものである。コマツの「コムトラックス」は、1998年に実用化され、2001年からは標準装備となっている予防保全サービスである[13]。コマツの建設機械に取り付けられたGPSや各種センサーから、どの建設機械がどこにあり、エンジンが動いているのか止まっているのか、燃料がどれだけ残っているのか、といった情報がリアルタイムで把握できる。異常があった場合や、盗難に遭った場合には、遠隔地からエンジンを停止することも可能である。顧客にとって建設機械の導入は、導入時の初期コスト以上に、修理・保守のコストが大きな負担となっている。完全に壊れて、仕事がストップしてしまう事態を避け、少しの異常を感知した段階で整備し、仕事を回し続ける予防保全には、極めて高い価値がある。

予防保全は、B2Cでは、これから本格化していく。自動車、家電、そして人体が予防保全の対象となるだろう。特に医療において、病気になってから医療機関に行くのではなく、その兆候を見つけた段階で知らせてくれ、病院に早期に行って発病する前、深刻化する前に治療ができるようになる予防保全が目指されている[14]。スマートホームとウェアラブル端末などを通じて、自身の健康状態や、健康維持に関する情報を日常的に集め、診断までをしてくれる「次の当たり前」に向けたさまざまな取り組みが行われている。リクシル社は、2015年に「LIXIL IoT House プロジェクト」として、スマートホームにセンサーを取り付け、ヘルスケア・サービスを展開していくことを発表した。例えば、トイレにセンサーを搭載することで、排泄物から住人の健康状態を検査し、異常の有無を診断することなどが近い将来に実現する。グンゼとNECは、衣服の繊維そのものにセンサーを編み込み、着用者の健康データを測定するプロダクトの研究開発を進めている。KDDIは、ウェアラブル端末のリストバンドとベルトを用いて、作業員の脈拍や周囲の気温を測定し、熱中症の恐れがあると判断した場合、管理者に知らせ、作業員の労働災害を減らすシステムを開発している。フィンランドのトゥルク大学では、脳梗塞を予防するアプリのリリースを予定している。スマホを胸に当てるだけで、脳梗塞の一因となる心房細動を96%の精度で読み取れるという。

これらの他にも、探す、待つ、買う、見る、聞く、売る、動く（移動する）、などの各所で変化が起きている。「楽しむ」もこれからAR（Augmented Reality／拡張現実）とVR（Virtual Reality／仮想現実）でどんどんと変わっていくだろう。現実世界にデジタル情報を加え、仮想世界を現実に反映させて拡張させるARは、ポケモンGOの大ヒットで多くの消費者が体感した。スマートフォンのカメラ機能とリンクして、現実世界の中にポケモンが動いて生息しているように感じられるアプリ・ゲームとして、世界中でヒットした。ソニーでは、最新技術を用いた、研究開発に挑戦していく「WOW Studio」の取り組みの1つとして、ARホッケーゲーム「A(i)R Hockey」を製作した[15]。1／1000秒で物体をトラッキングする高速ビジョンセンサーと、物体の位置を予測するアルゴリズム、触覚提示技術を組み合わせることで、実際には存在しないバーチャルなパックを、あたかも打っているかのように感じられる新感覚の遊びを創り出した。A(i)R Hockeyは、世界から最先端の技術が集まるフェスティバル「SXSW（サウス・バイ・サウスウエスト）2018」に出品され、WOW Studioの1つとして「Creative Experience "Arrow" Awards『Best Use of Technology』」を受賞した。

ヘッドマウント・ディスプレイを装着して、自身が仮想世界に入り込むVRは、ゲームや映画において、新たな楽しみ方を創っていく[16]。カナダの映画設備会社IMAX社は、2017年にロサンゼルスで試験的にVRシアターを導入し、映画『スター・ウォーズ』や『ジャスティス・リーグ』、『ジョン・ウィック』などのVRコンテンツを上映した。2時間程度の通常の映画とは異なり、10分程度の短い時間で、その映画の世界を体感させるコンテンツとなっている。2017年のカンヌ映画祭では、VR作品を特集したイベントが開催された。世界最大の映画マーケットの1つとされる「Marche du Film『Cannes NEXT』」において、約50のVR作品が出品され、話題を集めた。また、2018年の第90回アカデミー賞では、移民と難民問題を扱う社会派のVR作品『Carne y Arena』が特別賞を受賞した。これは、VRは大衆娯楽向けのエンターテインメント作品だけでなく、社会派も含めた、映画全体にとって価値のある新技術・新ジャンルであることの表れである。

前例に照らし合わせてあり得ないように考えられ、予測不可能で、なおかつインパクトの大きい異常事態は「ブラック・スワン」と呼ばれる[17)]。メガ・ベンチャーという存在は、良いブラック・スワンである。通常では、前例通りでは、考えられないようなアイデアで、信じられないような急成長を遂げ、産業と消費者に大きな衝撃を与える。そして、イノベーションも良いブラック・スワンである。改良や差別化といった既存の延長線ではない、まったく新しい価値を創り出す。その意味で、主体がブラック・スワンだからこそ、成果もブラック・スワンになれる、と言える。

最後に、良いブラック・スワンになるための、2つのアドバイスを贈りたい。1つは、物事を加点法で見てほしい。粗を探して、批判だけをする減点法ではなく、良いところ、面白いところを見つけて面白がる加点法の視点を持てることは、大切なスキルである。加点法の視点を持てなければ、注目できないモノ、育めないモノが非常に多い。リスクを恐れて可能性をつぶすのではなく、リスクの乗り越え方を考えて可能性を飛躍させるべきである。だから、「次のテクノロジー、イノベーションの種を笑うことなかれ」と言い聞かせてほしい。

もう1つは、変化から目を背けないでほしい。既存を変えて、新しい何かに飛び込むことには怖さがある。そこで、怖いからと言って目を背けたり、自分には関係のないことだと現実逃避したりすべきではない。自分事として、変化を怖がる理由を突き詰めて考え、同じように怖がる人や企業の前に出ていければ、変化はチャンスになる。自らに、企業に、そしてビジネスに変化を起こし、チャンスを掴み取っていってほしい。

註

1 ――ナデラなど（2017）を参照。
2 ――ハジウ、ロスマン（2016）を参照。
3 ――田中（2017）、鈴木（2018）を参照。
4 ――オムニチャネル（Omni-Channel）とは、企業が消費者とあらゆる接点でつながり、消費者がいつでもどこからでも不自由なくアクセスできる環境を指す。消費者は、いつでもどこからでも、リアルとネットの境界なく、自由に情報検索・比較検討・購入・受取などができるようになる。
5 ――ナデラなど（2017）を参照。
6 ――マーチャンダイジング（MD／Merchandising）とは、店頭で消費者に商品を買ってもらうため、適正な商品を、適正な時期に、適正な数量、適正な価格にて提供するための活動を指す。この文脈では、主に適正発注の意味で用いている。
7 ――伊藤・ウール（2018）を参照。
8 ――ダイヤモンド・オンライン「グーグルが狙う次の覇権は「医療」、AIで画像診断に革命」を参照。（https://diamond.jp/articles/-/170503）
9 ――Ledge.ai「AIによる記事自動生成ツール「Articoolo」がついに日本語対応」、IT media NEWS「電通、広告バナーをAIで自動作成　1枚当たり5秒以内」、およびIT media NEWS「AIが小説執筆、電子出版ベンチャーが大学と連携　「商業出版目指す」」を参照。（https://ledge.ai/articoolo-japanese-version/）、（http://www.itmedia.co.jp/news/articles/1805/23/news089.html）、（http://www.itmedia.co.jp/news/articles/1806/25/news135.html）
10 ――イアンシティ、ラカーニ（2018）、およびCNET JAPAN「トヨタ初の「コネクテッドカー」―LINEもつながる新型クラウンとカローラスポーツ」を参照。

（https://japan.cnet.com/article/35121484/）

11——東洋経済ONLINE「米国発「WeWork」が日本で狙うオフィス革命」を参照。（https://toyokeizai.net/articles/-/203960）

12——東京・自転車シェアリング広域実験「東京・自転車シェアリング」とBUSINESS INSIDER JAPAN「合併か破綻か？中国シェアサイクル業界に異変！技術のモバイクvs.学生起業のofoの二強対決の行方」を参照。（https://docomo-cycle.jp/tokyo-project/）、（https://www.businessinsider.jp/post-163538）

13——日経×TECH「CASE STUDY Vol.2：コマツ」を参照。（https://special.nikkeibp.co.jp/atclh/ITP/17/microsoft1110/vol2/）

14——英『エコノミスト』編集部（2017）、POSTCO Lab.「【IoT事例】ヘルスケア分野のIoT活用事例12選！」、PULSE「本人が自覚する前に病気の兆候を察知・通知するスマートウォッチ」、TABI LABO「スマホを胸に当てるだけで、脳梗塞を予防できる「アプリ」」、および日本経済新聞「作業員の熱中症、IoTで予防　KDDI」を参照。（http://blog.postco.jp/archives/13592）、（https://pulse-beat.com/articles/m9wlS）、（https://tabi-labo.com/287495/journey-atrial-fibrillation）、（https://www.nikkei.com/article/DGXMZO30860880T20C18A5X30000/）

15——ソニー「WOW Studio」を参照。（https://www.sony.co.jp/brand/event/sxsw/wowstudio/）

16——VR Inside「カンヌ映画祭に見るVRストーリーテリングの新トレンド」とReal Sound「『ブラックパンサー』IMAX上映の興行的成功が示唆する、"映画体験"の未来」を参照。（https://vrinside.jp/news/cannes-story-telling-trend/）、（http://realsound.jp/tech/2018/03/post-166238.html）

17——タレブ（2009）、馬田（2017）を参照。

あとがき

まずは、本書の執筆機会を与えてくれた、早稲田大学起業家養成講座Ⅰ・Ⅱの歴代受講生に心から感謝の意を伝えたい。

筆者は共著者である永井とともに早稲田大学において、起業家養成講座Ⅰ・起業家養成講座Ⅱという講座を受け持っている。この講座は早稲田大学の全学部生に開放されており、アントレプレナーに必要な企画、ディベート、プレゼンテーションなどの能力を鍛え、起業家精神を身につけると同時に有識者の体験談も交え、ビジネスプランを完成させるものである。

毎年、両講座を合わせると400名前後の学生が受講するこの講義において、我々が主担当となって6年目。今年で延べ2,400名前後の履修生と過ごす時間の中で、学生たちのビジネスに関する知識の少なさに驚かされることが度々ある。学部生の講座は、高校を卒業したばかりの学生も多く含まれるため、致し方ないところも多分にあるだろう。しかし、数年後には就職活動に突入する学生たちに、少しでもグローバルな企業の生態系を知ってもらいたい、という思いが執筆のスタートラインであった。

起業家養成講座という講座名から、起業を志向する学生が多く受講する講座とみられるかもしれないが、実際に起業を目指す学生はほんの一握りであり、講師陣も起業というプロセスから、ビジネスリテラシーを身につけるよう指導している。本書でも、ビジネスの世界の入口からベンチャー企業の成長過程を通して、イノベーションの実態をわかりやすく解説することを徹底的に意識している。

1989年の世界の時価総額ランキングでは、日本企業がベスト10のうち7社、米国企業が3社であった。執筆時の2018年度には米国企業が7社、中国企業が3社。30年の間に日本企業の退場した枠が米国企業に移り、米国企業の枠であったものがそのまま中国企業に移った理由を、学術領域と実務領域のジャンルを横断しつつ、日本、米国、中国のイノベーション戦略について解説することで、イノベーションに必要な「新しい何か」の気づきの一助となり、学びに昇華してもらえれば幸いである。

少しわかりにくい話になるが、筆者の早稲田大学における肩書は、「グローバルエデュケーションセンター客員教授」、「産学官研究推進センター（承認TLO）技術コーディネータ」、「インキュベーション推進室シニアコンサルタント」とある。名詞だけ見ると複雑なのだが、一貫して本学の起業家教育を行い、本学の研究から生まれる「知財」を活用し、本学の研究者や学生の起業をサポートすることが私の役割である。関係する早稲田大学教務部教育企画課、産学官研究推進センター、インキュベーション推進室、そして講義を直接サポートしてくれている商学学術院に所属する職員の皆様に心から感謝の意を伝えたい。

起業家養成講座のコーディネータを長きにわたり務めていただき、講義の運営に示唆を頂いている、商学学術院の鵜飼信一教授と永井猛教授。文部科学省グローバルアントレプレナー育成促進事業（EDGEプログラム）WASEDA-EDGE-NEXTに参加する機会を頂いた、インキュベーション推進室室長 井上達彦教授。3名の早稲田大学の先生には一方ならぬお世話になった。起業家養成講座をサポートして頂いている、本学ビジネススクールの先生方にも感謝の意を伝えねばならない。

研究者としての矜持と博士の学位を与えてくれた、早稲田大学 永田勝也名誉教授にこの場を借りて御礼申し上げる。

起業家養成講座を応援して頂いているピジョン株式会社、早稲田大学OB起業家一同。ビジネスプランコンテスト、アプリケーションコンテストを支援して頂いている、株式会社ゼンリンデータコム、株式会社レコチョクにも感謝の意を伝えたい。

最後になるが、本書執筆の推進力である共著者の永井と千倉書房の岩澤孝氏に最大級の感謝を伝えたい。特に始終追い詰めた永井に最後に追い詰められたことは、生涯忘れない痛快な思い出となるだろう。

2018年7月

村元 康

あとがき

仕事について、「誰のために」という側面から考えることがある。自分のための仕事、家族のための仕事はもちろん、自社のため、顧客のため、そして社会のため、まで幾つもあるだろう。その意味で、本書はビジネスマン、およびその予備群である学生のために、と徹底的に考え抜いて執筆した。彼らの力になりたい、という一心で取り組んだ仕事であり、その産物としての1冊である。

これまでに論文や書籍を数多く執筆してきたが、本書ほど徹底的に「読み手の力になりたい」と、読み手を意識して書いたのは初めてである。また、企画のGOサインが出る前後から執筆を開始するまで、ベンチャー、イノベーション、マーケティングに関する類書・先行研究のリサーチを重ね、「何が足りないか」、「どこに焦点を当てれば、読者の読みたい・知りたい・学びたい、というニーズにもっと光を当てられるか」を検討し続けた。本書は、プロダクトの開発において作り手が持つべき顧客志向やマーケティング・インサイトを、共著者の村元と共有し、思いを込めて創り上げられた。

本書を手に取ってくれた読者には感謝とともに、1つのリクエストを届けたい。ぜひ、本書の内容を受け取って終わりにしてほしくない。本書はあくまで、村元と私の主観というフィルターを通した二次情報である。すべてを鵜呑みにせず、興味深い思考材料として、本書を足掛かりに、自らの頭で思考を発展させていってほしい。自ら体験する一次情報を増やしていってほしい。そのための気づきの知見となれたら、行動の後押しとなれたら、幸いである。

本書の内容には、明記している参考文献に加えて、多分に、私が日々の仕事でお世話になっている方々からの影響が、無意識的な価値観として反映されているだろう。父であり師である永井猛教授。大学教員としての在り方を教えて頂いた鵜飼信一教授。マーケティング研究者としての生き方を示して頂いた恩藏直人教授。3名の早稲田大学の恩師に、この場を借りて感謝を伝えたい。また、株式会社田代合金所の田邊豊博氏をはじめ、多くの実務家の方々から刺激、成長、貢献の機会や場を頂いてきた。この場で書ききれない思いは、これからの仕事を通じてお返ししていきたい。

本書の執筆機会を創り出してくれた共著者の村元と、千倉書房の岩澤孝氏には、心からの感謝を伝えたい。本書は私にとって大きな挑戦であり、2人の存在があって初めて挑戦することができた。また、教育現場で学生たちから受ける刺激も私の価値観を形作っている。3学年、70名を超える高千穂大学商学部永井ゼミの皆には感謝とともに、彼らの飛躍を願う。ぜひ思い込み・過小評価・諦めを乗り越え、存分に社会で活躍していってほしい。プライベートで、実務家として刺激を与え合える海城高校テニス部、早大マッチポイントTCの友人たちにも感謝している。

最後に、マーケティング・ディスカッションのパートナーとして、そして人生のパートナーとして、私の仕事を応援してくれる妻に心よりの感謝を記して、本書を締めくくりたい。

2018年7月

永井竜之介

参考文献

- Granovetter, Mark S. (1973) "The Strength of Weak Ties," *American Journal of Sociology*, 78(6), 1360-1380.
- Hippel, Eric von (1986) "Lead Users: A Source of Novel Product Concepts," *Management Science*, 32(7), 791-805.
- Hippel, Eric von (1988) "*The Sources of Innovation*," Oxford University Press.
- Kim, W. Chan and Renée Mauborgne (2005) "*Blue Ocean Strategy: How to Create Uncontested Market Space and Make the Competition Irrelevant*," Harvard Business School Press. (W・チャン・キム、レネ・モボルニュ『ブルー・オーシャン戦略：競争のない世界を創造する』ランダムハウス講談社、2005年)
- Kim, W. Chan and Renée Mauborgne (2017) "*Blue Ocean Shift: Beyond Competing*," Hachette Book. (W・チャン・キム、レネ・モボルニュ『ブルー・オーシャン・シフト』ダイヤモンド社、2018年)
- Levitt, Theodore (1960) "Marketing Myopia," *Harvard Business Review*, 38(4), 45-56.
- Rugman, Alan. M and Alain Verbeke (2004) "A Perspective on Regional and Global Strategies of Multinational Enterprises," *Journal of International Business Studies*, 35(1), 3-18.
- Schumpeter, Joseph Alois (1934) "*The Theory of Economic Development: An Inquiry into Profits, Capital, Credit, Interest, and the Business Cycle*," Harvard University Press.

- 青島矢一(2017)「第1章 イノベーション・マネジメントとは」『イノベーション・マネジメント入門 第2版』日本経済新聞出版社。
- アッティラ・シゲティ (2017)『STARTUP STUDIO 連続してイノベーションを生む「ハリウッド型」プロ集団』日経BP社。
- アニス・ウッザマン(2013)『スタートアップ・バイブル：シリコンバレー流・ベンチャー企業のつくりかた』講談社。
- アル・ラマダン、デイブ・ピーターソン、クリストファー・ロックヘッド、ケビン・メイニー (2017)『カテゴリーキング：Airbnb、Google、Uberは、なぜ世界のトップに立てたのか』集英社。
- アレックス・モザド、ニコラス・L・ジョンソン(2018)『プラットフォーム革命経済を支配するビジネスモデルはどう機能し、どう作られるのか』英治出版。
- アンドレイ・ハジウ、サイモン・ロスマン（2016）「ネットワーク効果だけでは成功は難しい マーケットプレイス：4つの落とし穴」『ダイヤモンド・ハーバードビジネスレビュー』ダイヤモンド社、2016年10月号、40〜51ページ。
- 池田紀行・山崎晴生（2014）『次世代共創マーケティング』SBクリエイティブ。
- 伊藤穰一、アンドレー・ウール（2018）『教養としてのテクノロジー：AI、仮想通貨、ブロックチェーン』NHK出版。
- 馬田隆明（2017）『逆説のスタートアップ思考』中央公論新社。
- 英『エコノミスト』編集部（2017）『2050年の技術：英『エコノミスト』誌は予測する』文藝春秋。
- エイモス・ウィンター、ビジャイ・ゴビンダラジャン（2015）「5つの設計原則が新興国での製品開発を促す【実践】リバース・イノベーション」『ダイヤモンド・ハーバードビジネスレビュー』ダイヤモンド社、2015年12月号、96〜108ページ。
- エリック・シュミット、ジョナサン・ローゼンバーグ、アラン・イーグル（2014）『How Google Works：私たちの働き方とマネジメント』日本経済新聞出版社。
- 尾関雄治（2012）「オープンイノベーションを活用した東レの研究・開発活動の強化」『産学連携学：産学連携学会誌』産学連携学会、9（1）、5〜13ページ。
- 恩藏直人（2017）『マーケティングに強くなる』筑摩書房。
- 恩藏直人、永井竜之介（2017）『脱皮成長する経営：無競争志向がもたらす前川製作所の価値創造』千倉書房。
- クレイトン・クリステンセン（2001）『イノベーションのジレンマ』翔泳社。
- クレイトン・クリステンセン、マイケル・レイナー（2003）『イノベーションへの解』翔泳社。
- クレイトン・クリステンセン、ジェフリー・ダイアー、ハル・グレガーセン（2012）『イノベーションのDNA』翔泳社。
- 佐々木紀彦（2017）『日本3.0：2020年の人生戦略』幻冬舎。
- サティア・ナデラ、グレッグ・ショー、ジル・トレイシー・ニコルズ（2017）『Hit Refresh：マイクロソフト再興とテクノロジーの未来』日経BP社。
- ジェフ・ハウ（2009）『クラウドソーシング：みんなのパワーが世界を動かす』早川書房。
- ジェフリー・ムーア（2002）『キャズム』翔泳社。
- ジェフリー・ムーア（2011）『トルネード：キャズムを越え、「超成長」を手に入れるマーケティング戦略』海と月社。
- 徐航明（2014）『リバース・イノベーション2.0：世界を牽引する中国企業の「創造力」』CCCメディアハウス。

- ジョージ・ビーム編（2014）『Google Boys：グーグルをつくった男たちが「10年後」を教えてくれる』三笠書房。
- 新宅祐太郎（2015）「コモディティーでも利益を出す：2つのカイゼンで汎用品を高価値に」『日経ビジネス』日経BP社、2015年3月23日号、94～97ページ。
- 鈴木康弘（2018）『アマゾンエフェクト！「究極の顧客戦略」に日本企業はどう立ち向かうか』プレジデント社。
- 高宮慎一（2016）「成功が続くか否かはどこで分かれるか 起業から企業へ：4つのステージの乗り越え方」『ダイヤモンド・ハーバードビジネスレビュー』ダイヤモンド社、2016年8月号、40～55ページ。
- 田中道昭（2017）『アマゾンが描く2022年の世界：すべての業界を震撼させる「ベゾスの大戦略」』PHP研究所。
- 太原正裕（2011）「第三次ベンチャーブームの検証：ベンチャー企業は日本経済活性化、金融資本市場の発展に貢献しうるのか」『城西大学経営紀要』、7、53～83ページ。
- 玉田俊平太（2016）「破壊的イノベーションは「足るを知る」から生まれる」『ダイヤモンド・ハーバードビジネスレビュー』ダイヤモンド社、2016年9月号、42～46ページ。
- ナシーム・ニコラス・タレブ（2009）『ブラック・スワン：不確実性とリスクの本質（上）（下）』ダイヤモンド社。
- 永井猛（2010）『富と知性のマーケティング戦略：日本企業のマーケティング・経営戦略の再点検』五絃舎。
- 永井竜之介（2014）「オープン・イノベーションにおける管理機能の重要性」『商経論集』早稲田大学大学院商学研究科商学会、23～34ページ。
- 永井竜之介（2017）「第9章 マーケティングとイノベーション」『マーケティング論 改訂版』白桃書房、181～197ページ。
- 永井竜之介、恩藏直人（2013）「顕在ニーズの実現：イノベーションを創出する土壌」『マーケティングジャーナル』日本マーケティング協会、32（4）、107～121ページ。
- 野口恭平（2016）「第1章 マーケティングとはなにか？」『デジタルで変わるマーケティング基礎』宣伝会議、22～34ページ。
- 『ハーバードビジネスレビュー』編集部（2016）「Idea Watch: ENTREPRENEURSHIP「ユニコーン企業」の成長の仕組み」『ダイヤモンド・ハーバードビジネスレビュー』ダイヤモンド社、2016年3月号、5～9ページ。
- ビジャイ・ゴビンダラジャン、クリス・トリンブル（2012）『リバース・イノベーション：新興国の名もない企業が世界市場を支配するとき』ダイヤモンド社。
- ピョートル・フェリクス・グジバチ（2018）『ニューエリート：グーグル流・

新しい価値を生み出し世界を変える人たち』大和書房。
- フィリップ・コトラー、フェルナンド・トリアス・デ・ベス（2004）『コトラーのマーケティング思考法』東洋経済新報社。
- フィリップ・コトラー、ケビン・レーン・ケラー（2014）『コトラー&ケラーのマーケティング・マネジメント（第12版）』丸善出版。
- フィリップ・コトラー、ゲイリー・アームストロング、恩藏直人（2014）『コトラー、アームストロング、恩藏のマーケティング原理』丸善出版。
- フェン・ジュウ、ネイサン・ファー（2016）「製品競争力の高い企業から収益モデルを転換 プラットフォーム企業へ移行する法」『ダイヤモンド・ハーバードビジネスレビュー』ダイヤモンド社、2016年10月号、52～61ページ。
- 藤田哲雄（2017）「中国の起業ブームとベンチャーファイナンスの動向」『RIM環太平洋ビジネス情報』日本総合研究所、64、1～24ページ。
- ヘンリー・チェスブロウ（2004）『OPEN INNOVATION：ハーバード流イノベーション戦略のすべて』産能大学出版部。
- 星野達也（2015）『オープン・イノベーションの教科書：社外の技術でビジネスをつくる実践ステップ』ダイヤモンド社。
- マーシャル・W・ヴァン・アルスタイン、ジェフリー・G・パーカー、サンギート・ポール・チョーダリー（2016）「パイプライン型事業から脱却せよ プラットフォーム革命」『ダイヤモンド・ハーバードビジネスレビュー』ダイヤモンド社、2016年10月号、26～38ページ。
- マーティン・リーブズ、曽鳴、アミン・ベンジャラ（2015）「アリババの戦略はアルゴリズムに従う」『ダイヤモンド・ハーバードビジネスレビュー』ダイヤモンド社、2015年11月号、82～92ページ。
- マルコ・イアンシティ、カリム・R・ラカーニ（2018）「グーグル、アップル、アマゾン、アリババ… ハブ・エコノミー：少数のデジタル企業が世界を牛耳る時代」『ダイヤモンド・ハーバードビジネスレビュー』ダイヤモンド社、2018年5月号、12～24ページ。
- ラリー・ダウンズ、ポール・ヌネシュ（2018）「息の長い破壊者たちの戦術「一発屋」のスタートアップが二度目の成功を手にする条件」『ダイヤモンド・ハーバードビジネスレビュー』ダイヤモンド社、2018年4月号、12～25ページ。
- リード・ホフマン、ティム・サリバン（2016）「インタビュー ネットワーク時代は「組織の拡大」が肝になるブリッツスケール：劇的な成長を遂げる唯一の方法」『ダイヤモンド・ハーバードビジネスレビュー』ダイヤモンド社、2016年8月号、28～39ページ。
- リチャード・ブラント（2012）『ワンクリック：ジェフ・ベゾス率いるAmazonの隆盛』日経BP社。

主要索引

K～M

N～R

S～U

V～Y

ア行

カ行

サ行

タ行

ナ行

ハ行

マ行

ヤ行

ラ行

Profile

村元[清水]康(むらもと[しみず]・こう)

早稲田大学グローバルエデュケーションセンター客員教授、エルアンドイーホールディングス株式会社 代表取締役社長
1965年生まれ。早稲田大学大学院博士後期課程修了。博士(学術)、経営管理修士(MBA)、中小企業診断士。
専門はビジネスエコシステム、環境経営。大学では一貫して起業家教育・支援に携わる。

永井竜之介(ながい・りゅうのすけ)

高千穂大学商学部准教授
1986年生まれ。早稲田大学政治経済学部経済学科卒業、同大学大学院商学研究科修士課程修了の後、博士後期課程へ進学。同大学商学学術院総合研究所助手、高千穂大学商学部助教を経て2018年より現職。
専門はマーケティング戦略、消費者行動、イノベーション戦略。主著に『脱皮成長する経営』(千倉書房) など。

メガ・ベンチャーズ・イノベーション

2018年 10月11日 初版第1刷発行

著　者　村元康
　　　　永井竜之介

発行者　千倉成示
発行所　株式会社 千倉書房
　　　　〒104-0031 東京都中央区京橋2-4-12
　　　　電話 03-3273-3931（代表）
　　　　https://www.chikura.co.jp/

印刷・製本　藤原印刷株式会社
装丁造本　米谷豪

ISBN 978-4-8051-1161-1 C0034